基本文型の研究

林四郎

ひつじ書房

『基本文型の研究』復刊の辞

　この書、内容は単純素朴なものですが、文章科学としての言語学の出発点に位置づくものとなればよいと思っています。このたびの復刊によって、その望みが大きくなったことを、何にも代えがたく、喜ばしく思っています。

　本書を書いた時は国立国語研究所に勤めはじめてすぐのことでしたが、それまでは早稲田中学・高校で数年国語の教師をしていました。国語の授業では、生徒は例外なく文法が嫌いでした。英文法であれば、未知の言語の文法を知ることによって、読めるようになり、話せるようになる、それで面白い、ということがあるのですが、日本語は分かりきっているので、学ぼうという気にならない。さらに、古文の読み方を教えるときに、とかく国語の先生は、とうとうと『源氏物語』や『枕草子』なりをどのような物語であるかと述べるばかりで、うっかりことばのことを話すと生徒が嫌がるとおっしゃいます。しかし、やはり分からないものを教えられても生徒はおもしろいと思わない。

　古文は、難しそうに見えることばを、少し現代のことばに変えれば、語の並びはいっしょなので、読めます。いきなりとうとうと内容を指導するのではなくて、手を取り足を取りこのことばは現代語のこのことばにあたると、同じくことばであることを教える。自分で訳してみれば、ぎこちなくても案外分かるのだということになる。そうなって分かってくると、そのうち訳さなくても原文が読めるようになり、おもしろくなってくるのです。

　ことばというものは徹底的に構造であり、そしてその理屈は頭に備わっているので、それを辿って行けばいいんだということを教えればいいのですが、それを考えるに際して計量国語学という世界はありがたい世界でした。

　文章は単語の集合である。その単語はただ石ころが並ぶように並ん

でいるのではなくて、主語は主語らしく、動詞は動詞らしく心が扱うので、思うことが自然にことばになり、それを聞く人も分かる。それがことばの世界です。それを自覚しないのを自覚させるのが言語教育です。

　それは計量的なことでもあるのです。このことばは、いつも文の頭にくる、ある意味の類型は真ん中にいき、ある意味の類型は終わりにくる、というようなことは、数えてみると分かるのです。これが日本語の傾向なのだということが分かる。やはり数えるということは必要なのです。

　わたしが国立国語研究所に入った頃、水谷静夫さんという方がおられて、語彙調査を理論的に考え、また実際の方法を考え、国立国語研究所にコンピューターを導入することに尽力されました。当時、コンピューターは文科系の人間には関係ないと考えられてましたが、数えるということについては文理は関係なく、仕事のうち、数える部分については機械に任せることができれば、それはやらせて、人間は内容的なことを考える方に力を注ぐことができる。後にわたしも語彙調査をする部屋に入り、調査をするようになりました。文科の人間がいかに計量のためにコンピューターが必要かということをわたしも痛切に感じました。

　さらに、国立国語研究所では、ただ数えているだけでなくて、海外では作られていた意味別辞書（シソーラス）を作るということになり、その『分類語彙表』を担当されたのが林大（はやし・おおき）さんでした。これが世の中に出て、日本語にもこういうものがあるんだということに気付くきっかけとなりました。国立国語研究所が作り上げたもので一般生活に役立つものと言えば、まずは『分類語彙表』があります。

　そうした背景があり、わたしもことばを物として機械的に扱って数えるということをやろうと思いました。外国語にはセンテンスパターンという考え方ができていて、パターンというのは機械的です。精神的なものを機械的に扱う。単に文法というといかにも頭の中の働きとだけ考えてしまう。文型というと、型なのですから、型を発見し、型の中に日本語の単語をはめ込んで、型の組み方さえできれば、文がで

きる。

　その型に、単語を組み合わせていく。そういうふうに、文法のあり方と単語との関係をとらえる。その道具となる枠ぐみが、「文型」だということになるのです。

　文法というと理屈っぽくて面白くない、と学生は思う。理屈はいらないのだ。型なんだ。わたしたちの頭の中には、単語の辞書があるし意味類型という辞書もある。そうやって遊びながらやっていく方がよいのです。

　意味の世界と計量の世界とは組み合わさっていて、意識しなくても組み合わされているので、自分はこんなにシステマティックに単語を使い、文の中に入れているんだ、ということが分かると、自分の言語行動のあり方が分かるのです。

　あり方が分かってくれば、逆に難しいと思っていたものが、案外システマティックだったということが分かってくる。だから、枠に入るものと入れ方について手をさしのべてやれば、分かるようになるので、子どもも興味を持ってくる。

　自分の頭の中がじつは機械である。日本語というシステムを知らずに喋っている機械だったんだ。そういうことが、型を確認することによって分かってくるのです。日本語が分かれば英語も分かるし、外国語の文型も分かりやすくなるでしょう。

　そのように考え、わたしは文型主義をとり、本書において日本語の「文（センテンス）」の「型」をひとつのシステムにまとめてみたわけです。

　そして最後に、もっとも大切な謝辞を述べさせていただきます。この書を、版を新たにして世に出すという、著者本人の思ってもいなかったことを、新たな日本語研究の歩みの中から着想し、現実化して下さった、庵功雄さん、石黒圭さん、青山文啓さん、それを直ちに実現して下さった、ひつじ書房の森脇尊志さんはじめ当路のかたがたに、篤くお礼を申し上げます。本当にありがとうございました。

2013年9月　著者

まえがき

　これは文字通り、文型と基本文型の「研究」である。というのは、まだ研究過程にあるもので、完成には程遠いものという意味である。われわれはまだ国語の文型や基本文型の定説をもっていない。国語に文型といえるものがあるかどうか、あるとしてそれが国語教育に役立ちうるものかどうかもはっきりしない。そういう段階にある問題について、わたしがこの程度の論考を国語教育界に公表していいものかどうか、わたしは迷った。専門学界で定説化していないものを教育面に公表することに、何がしかの罪悪感を感じないわけにいかないのである。

　しかし、また考えてみると、そんなためらいは、もう古くなった考えから来たもののようにも思われる。今の世の中で出版物を出すというのは、昔のように、限られた人が貴重な文化財を世に残すのとは根本的に違う。単行本でも、ある程度、週刊誌的性質をもつので、作るほうはひたすら作って出せばよい。それが価値あるものかどうかは読者がきめてくれる。ためらっているひまには考えを進めて公表したらよい。悪いものなら、たたかれ、価値のないものなら、人の目にとまらずに消えていくだろう。ためらったりしているのは、かえって思いあがりであると考えた。そして、書いた。

　わたしの、国語現象を見る目が正しいかどうか、記述した結果が、教育の現場で役に立つかどうか。正しいと思い、役に立つと思ったからこそした仕事であるが、それが真にそのとおりかどうかは、わたし自身にはわからない。大方の厳正な批判を待つ次第である。

昭和 35 年 9 月 23 日　林四郎

目　次

『基本文型の研究』復刊の辞 　　　　　　　　　　III
まえがき 　　　　　　　　　　　　　　　　　　VII
凡　例 　　　　　　　　　　　　　　　　　　　XIV

　　　第1部　「文型」をめぐる考察 　　　　　　　1

第1章　「文型」の手がかり 　　　　　　　　　　3
　1.　ことばを使いはじめる子ども 　　　　　　　3
　2.　「文型」の一応の定義 　　　　　　　　　　5

第2章　「文型」と「基本文型」 　　　　　　　　7
　3.　「文型」より「基本文型」が先にある悲劇 　　7
　4.　「基本」の意味をもう一度 　　　　　　　　11
　5.　ここでいう基本文型とは 　　　　　　　　　12

第3章　国語教育になぜ文型が必要か 　　　　　15
　6.　標準語教育のために 　　　　　　　　　　　15
　7.　国語学習の系統化のために 　　　　　　　　16
　8.　文法学習が実を結ぶために 　　　　　　　　19
　9.　文法書とは違う本書の記述法 　　　　　　　21

第4章　ふたたび文型の定義 　　　　　　　　　23
　10.　従来の考え方 　　　　　　　　　　　　　　23
　11.　言表の構造と「文型」の定義 　　　　　　　27

第2部　文型の記述　33

第5章　起こし文型　35
12. 起こしの姿勢とその言語化　35
第1節　始発型の起こし文型　36
13. 始発記号のある始発型　36
    - 13.1　相手に呼びかける語による始発　37
    - 13.2　自己に対するかけ声による始発　37
    - 13.3　習慣的な語り始めの語による始発　38
    - 13.4　承前記号用の語による始発　39
14. 始発記号のない始発型　41
    - 14.1　客観的な始発要素をもつ始発型　42
    - 14.2　主観的な始発要素をもつ始発型　42
第2節　承前型の起こし文型　42
15. 承前記号のある承前型　42
16. 承前記号のない承前型　46
17. 起こし文型余論　48

第6章　運び文型　51
18. 意味的構造の論　51
第1節　孤立型の運び文型　56
19. 一語文　56
20. 一語文的な文　59
第2節　結合型の運び文型　60
21. 二点結合型　60
22. 多点結合型　64
第3節　連続型の運び文型　64
23. 連続型の意味　64
24. 複線連結型　66
25. 複線展開型　69
    - 25.1　複線展開型の基礎的な文型　74
    - 25.2　条件帰結関係を効果的に表現する方法　85
    - 25.3　条件帰結関係を否定する言い方　88

第7章　結び文型　93
26. 表現意図とその言語化　93
第1節　描叙段階の表現型　96

- 27. 体言による描叙 ... 96
- 28. 用言による描叙 ... 97
- 29. 態の加わった用言による描叙 ... 98

第2節 判断段階の表現型 ... 103
- 30. 肯定判断 ... 103
  - 30.1 単純な形の肯定判断 ... 103
  - 30.2 いろいろな形の肯定的判断 ... 104
- 31. 否定判断 ... 108
  - 31.1 単純な形の否定判断 ... 109
  - 31.2 いろいろな形の否定的判断 ... 109
- 32. 可能判断 ... 113
  - 32.1 不可能判断 ... 114
- 33. 過去認定判断 ... 115
- 34. 推量判断 ... 117
  - 34.1 否定推量判断 ... 119
- 35. 疑問判断 ... 120

第3節 表出段階の表現型 ... 121
- 36. 感動の表出 ... 121
- 37. 期待、願望、うらみ等の表出 ... 125
- 38. 懸念、おそれの表出 ... 126
- 39. 意志・決意の表出 ... 127

第4節 伝達段階の表現型 ... 129
- 40. 単純な伝達 ... 129
- 41. 押しつけふうの伝達 ... 130
- 42. 勧誘ふうの伝達 ... 132
- 43. 命令ふうの伝達 ... 133
- 44. 質問 ... 138

第8章 局部文型（相） ... 143
- 45. 局部文型概観 ... 143

第1節 文の構造に関する相 ... 144
- 46. 並びの相 ... 144
- 47. 注ぎの相 ... 145
- 48. くくりの相 ... 146

第2節 文勢に関する相 ... 147
- 49. 優勢の相 ... 147
  - 49.1 言及態度の重視による優勢化 ... 148
  - 49.2 言及内容の重視による優勢化 ... 150

- 50. 劣勢の相　　　　　　　　　　　　　　　150
  - 50.1 言及態度の軽視による劣勢化　　　150
  - 50.2 言及内容の軽視による劣勢化　　　151
- 51. 相についての余論　　　　　　　　　　152

第3部　文型による学習　　　　　　　　　155

第9章　表現力を養う学習　　　　　　　　157
- 52. 文型練習　　　　　　　　　　　　　　157
- 53. 言いかえ法　　　　　　　　　　　　　158
  - 53.1 肯否定をめぐる言いかえ　　　　　159
  - 53.2 結合の様式をかえること　　　　　159
  - 53.3 連結・展開の関係をめぐる言いかえ　160
  - 53.4 文の合成と分解　　　　　　　　　161
  - 53.5 疑問詞の位置をかえること　　　　161
  - 53.6 注ぎとくくりの関係を考えること　162
  - 53.7 優勢・劣勢の相をかえてみること　162
- 54. 着せかえ法　　　　　　　　　　　　　162
- 55. 創作法　　　　　　　　　　　　　　　163
  - 55.1 絵ばなしと文型　　　　　　　　　163
  - 55.2 ある言表の前とあと　　　　　　　164
  - 55.3 ものを見る目　　　　　　　　　　164

第10章　読解を深めるための学習　　　　　167
- 56. 文章の展開するすがたをとらえること　167
- 57. 文章の個性を知ること　　　　　　　　169
- 58. 追体験を豊かに、音声に敏感に　　　　169

第11章　教師の目を肥やす　　　　　　　　171
- 59. 児童の表現力を見る目　　　　　　　　171
- 60. 教材を見る目　　　　　　　　　　　　171

第12章　参考――ホーンビーの英語文型　　173
- 61. ホーンビーを紹介するわけ　　　　　　173

62. 動詞の型	174
63. 名詞の型	176
64. 形容詞の型	177

引用及び参考文献　　　　　　　　　　　　　178

解説　　　　　　　　　　　　　179

『基本文型の研究』解説　　　　　南不二男　181

二つの四階層モデル
　『文型』と『構造』のための読書ノート　　青山文啓　187

索　引　　　　　　　　　　　　　201

凡　例

1. 項目を示す記号の意味は次のとおりである。
   ○　文型の手がかりになる語。
   ◎　文型。
   ▽　文型の手がかりになる語が具体的に示しえず、抽象的に文法用語で説明する場合。
   ◇　文例。
   ●　その項目の解説。
   太字　基本文型。
   〔　〕　直前にある文や語の解説。
   （　）　「括弧内の文句を追加してよい」の意味。
   ∪　「または」の意味。
   （∪）　「括弧内の語句をもって、直前の語句に代えてもよい」の意味。
   このほかに記号が用いられる場合は、本文のその位置で解説する。

2. 発音のための記号の意味は次のとおりである。
   片かな書き　発音表記はすべて片かなで示す。
   ─　高低アクセントの高い部分（そのままで終る場合）
   ⌐　高低アクセントの高い部分であるが、そのままで終らず、次の音節で下がる場合。
   ─　文末音調として、特に最後の音があがる場合。
   ＼　反対に下がる場合。
   ⌒　文末音調として、ダメ押しのように高められ、かつ強められる場合。
   太字　特に強弱アクセントの強い部分を示す（文としての卓立音調からそうなった場合）
   アクセントは1語にそなわったもの、文末音調（イントネーション）は語が文として発話されたために、その場限りで現われたものである。文末音調の示し方は、正しくは、アクセントとの関係できめられるもので、音声学的な法則のもとで観察され記されるものであるが、本書ではそこまで厳正に考えていない。ごく常識的に、その語がその文でどう発音されるかがわかる程度に記したにすぎない。

第1部 「文型」をめぐる考察

第1章
「文型」の手がかり

1. ことばを使いはじめる子ども

　2歳2か月になる女の子が、母に連れられて、すこし離れた医者の所に、しばらく通った。途中に、ゴルフの練習場があり、そこには、高く金網が張られている。そこのわきを通る時、いつも、この子は、立ちどまって、金網を見上げ、
　　オー<u>キー</u>！
と嘆声をもらした。この嘆声には、実に実感がこもっていたと、母親が言った。
　この子のことばの生活はこの時まだ一語文でまかなわれている。「オーキー」も一語文だが、この中には、ことばのどういう要素がはいっているだろうか。まず「大きい」という、社会的に一つの語と認められているものがある。次に、「大きい」という語の意味を、今、子どもが実感し、現在の事態への適応として、その語を陳述に用いたこと。次に、語を用いるとき、「オオキイ」という音の連続を、特定の音調によって発音したという事実がある。その音調は、オー<u>キー</u>！という標記で示したように、「キー」の所が高まり、かつ、強められ、そのまま放出されたものである。この音調によって、この子は、ゴルフ場の金網の高さを認識したことと、その高さに感動したこととを示したのである。
　庭の池にさいた、おもだかの花を見て
　　<u>キ</u>レー！
と言った時も、同じ調子であった。
　子どもが一語文を述べるとき、そこに使われる語は、必ず、言表の意図に従った、なにがしかの音調のもとに発音される。すなわち、音調は、言表をささえる一つのわく組みである。
　この子は、2歳5か月になった今日、ひとの動作やことばのはしか

ら、事態を察するのが、なかなか敏になってきた。父が外出の仕度を始めたり、母が「ちょっと買い物に行ってきます。」といったりすると、すぐに、
　　　イク。イク。
と言って、自分の服がはいっているたんすの引出しをあけにかかる。この「イク」（行く）には、断乎たる意志がこもっている。

　このころになると、この子は、どうやら一語文の域を脱し、何語か（とおとなが認めるもの）の組み合わさったことばをしゃべるようになったが、もちろん、言いながら、ことばを次々と組み立てるようなことは、まだなくて、言表をささえているものは、始めから全体にわたって流れるべく用意されたひと流れの音調である。頭に花をつけて、
　　　アーラ　イーデチョー。（ほーら、いいでしょう。）
と、見せる。おもちゃをさがしながら、
　　　アラ　ドコイッチャッタ？
　　　ドコイッチャッターノー？
とひとりごと。朝、起きあがるや、林間学校へ行っている姉を思い出して、
　　　ネーチャン　イナイ？
と、親に問いかける。

　見せつけて同調を求めるにしても、自分に問うにしても、他人に問いかけるにしても、実にそれらしい調子で言う。一語文か多語文かのけじめは、そうはっきりとはつけられないが、どちらにしても、この子が、言表の意図に従って、それにふさわしい音調でものを言うすべを、おとなから学び取ったことは、確かである。

　さらにおもしろいのは、音調だけでなく、言い方の型を、一部身につけたことである。あめのはいったかんをもってきて、
　　　トッテ。　　　（ふたを取ってくれ）
　　　トッテーエー。
　　　トッテーヨー。
という。とりはずしできるブランコのかごをもって来て、
　　　ブラコイテ。（ブランコして）
など。その他、

　　　　ドイテヨ。イレテヨ（コップに水を）
　　　　ヤメテ。ヤメテヨ
のように、もっぱら、
　　　　――シテ。――シテヨ
の形で、要求を表わすようになった。父たるわたしが、今のように書きものをしていると、きまってやって来て、
　　　　カイテ。カイテヨ
すこし甘えては、
　　　　カイテヨン。
と言う。これは、絵をかいてくれということだが、それには、自分がかけるように、紙と鉛筆をくれという意味も含まっているので、「かく」という行為全体をこめて、要求に表現しているのである。
　このような、言い方の型は、類推によって得たものだから、おとなから見ると、まことに珍妙な傑作もある。コップをもってきて、
　　　　ブッテ。ブーッテ。ブッテーヨー。
というのは、水をくれということである。水は「ブー」だから、この体言をそのまま用言に働かし、要求の「テ」「テヨ」をつけたのである。

2. 「文型」の一応の定義

　このように、2歳数か月の子どもが、どうやら、ことばをあやつるようになった時、それを可能にしたものを分析して整理すれば、
① いくつかの語を習得したこと。
② その語を、言表の意図にふさわしい音調で発音すること。
③ ことばの連なりの型を習得して、音調とあわせ用いること。
の三つとなる。
　①は語彙力であり、②は意図表現のための音調を用いる力であり、③は文法能力である。そこで、文法能力ということばであるが、これはもちろん、文法体系の知識を知っていることではなく、文法に従って、現実に文が構成できることをいう。しかし、文法能力ということばを、そのまま使って、幼児、児童、生徒、そして学生の言語能力を評価していくと、ついに、いつの間にか、文法知識の問題が潜入して

第1章　「文型」の手がかり　　5

きて、その間の区別がつけられなくなる。そこで「体系文法」「機能文法」といって、この二つを区別するのであるが、概念としては、そのように区別しても、実地に、ひとりの人間の言語活動を分析して、体系文法の能力と機能文法の能力とをきっぱり分けることはむずかしい。

いかに機能文法といっても、文法ということばを使うかぎり、体系に忠実でなければならず、第3章第9段で述べるように、文法事実の記述には、それ独特の配慮が要る。ここでは、文法事実に注目するよりも、文法の支配のもとに、現に成立して通用している、ことばの型を、そのわく組みのまま、問題にするので、③を文法能力といわず、文型を用いる能力と規定する。逆に、「文型」を定義すれば、いま述べた「文法の支配のもとに、現に成立して通用している、ことばの型」が、それに当る。

ところで、音調と文型とは、常に相伴うものである。というよりも、音調も、言表をささえるわく組みなのであるから、音調も文型の一種であると考えていい。そこで、文型を、「ある言表の意図に従って、文法の支配のもとに、現に成立して通用している、ことば及び音調の型」と定義しなおして、次のように、文型の構想を立ててみよう。

$$\text{文型}\begin{cases}\text{音調の型}\\\text{語型}\end{cases}$$

しかし、音調に関しては、一般にまだ、文型として体系的に記述されるほど研究が進んでおらず、ことにわたしはその方面に暗いので、本書では、音調を正面から文型として記述することは、しない。また、「語型」ということばも、非常に誤解されやすいので、以下には用いない。本書での文型の定義と分類は、第4章第11段で、あらためて行なうことにする。ここでは、一応の考え方を示した。

第2章
「文型」と「基本文型」

3. 「文型」より「基本文型」が先にある悲劇

　国語教育の世界では、単に「文型」よりも、「基本文型」ということばを余計に聞く。この二つは、どう違うのであろうか。

　ふつうに考えられることは、まず「文型」があり、その中から基本的なものを選び出して「基本文型」に指定するということである。「基本的」というのにも、いろいろな意味があるが、それらはしばらくおき、とにかくエッセンスとしての基本文型と、それより広い範囲の一般文型を考えるのが第一の考えである。

　これに対して、「文型」一般を問題にする前に、いきなり「基本文型」を要請してしまい、「文型」ということばを使っても、ほとんど「基本文型」の意味で使っていることがある。この場合には、基本文型の概念が優先し、一般の文型が、その下部構造として考えられることが、ほとんどない。既成の文法体系から文型を設定する場合、この考えにつきやすい。

　数多くの文型の中から特定数の基本文型を選定する第一の考えと、基本文型だけを文型問題の対象にして、一般の文型については、ほとんど考えない第二の考えと、この二つを対照したわけは、ものの理屈からすれば、一見奇異に思える、この第二の考えが、案外多く行なわれているように思うからである。例えば、堀川勝太郎氏の「基本文型による読解指導」（昭 35、明治図書）には、基本文型を、

　1　主語の表わし方
　2　述語の表わし方
　3　連体修飾語の表わし方
　4　連用修飾語の表わし方
　5　接続語のつかい方

6 並立語のつかい方
7 独立語のつかい方

に分け、「主語の表わし方」には、格助詞の「が」「の」、係助詞の「は」「も」、副助詞の「さえ」「すら」「しか」、以上7個の助詞が示されている。そして、例えば「が」については、「うしがいる。」という「基本型」のほか、「まるいもようがきらきらとひかっています。」等、9個の例が示されている。(この「基本型」という語は「基本文型」と似ているので、「まるいもよう」のような、修飾語をかかえた複雑な文型に対して、修飾語のない「うしがいる。」のようなのが「基本文型」なのだと言っているような錯覚を起させて、うまくないと思うが、それは、当面の問題ではないからおく。)

いま、第一の考えで、これを解釈すると、主語の表わし方は、「あなた知ってますか。」のように、助詞のないものや、「あなたって、えらい人ですね。」のようにくずれた形のものもあるが、それらは教科書にも出て来ないし、基本的でないから、除外し、7個の助詞で示されるものを主語に関する基本文型としたことになろう。しかし、堀川氏は、7個の助詞による以外にも、主語の示し方があることには言及していない。ここで採用した基本文型以外は、教育の場では、問題にする必要がないという解釈に受け取られる。そうなると、今度は、この7個が、同列に主語を示す「基本」とされることに疑いが生ずる。すくなくとも、わたしには、「も」「すら」「さえ」「しか」が、「主語を表わす」基本文型を形作るものとは思えない。「すら」も「さえ」も、確かに日常の言語表現を支える大事なことばであり、基本的と言ってもよかろうが、それは、「主語を表わす」ことにおいて基本的なのではなく、何かほかの働きにおいて基本的なのである。

基本文型というからには、それを基本と認める何かの標準がどうしても必要である。それについて、輿水実氏は「(1) 統計上と、(2) 学習上と、(3) 理論上或は思索上と、三つの求め方がありうる。」(「日本語教授法」昭17)と指摘している。統計上とは、「一番使われている日常的基本的なもの」であり、学習上とは、学びやすいものほど基本的とすることであり、理論上・思索上とは、「命題の根本形式」から求めていく考え方で、「S is P」「○○ハ○○デス」「主語・述語」

を最も基本とする考え方である。この本が出た昭和17年ごろは、基本文型問題の第一開花期であった。当時の様子を、概略、出版物からあとづけてみよう。

　昭和16年2月に、垣内松三氏の主宰する雑誌「コトバ」が「日本語の基本文型」を特集した。以後、この雑誌には、しばしば基本文型に関する論文がのり、輿水実、三尾砂、三宅武郎等の諸氏が、考えを発表したが、これらはまだ、構想なり、構想の一部なりで、基本文型の体系が記述されたのは、昭和17年の10月に出た青年文化協会の「日本語練習用、日本語基本文型」であった。これは、昭和16年1月以降、保科孝一、今泉忠義、大西雅雄、黒野政市、輿水実の諸氏が相集まって研究した結果の成果である。個人では、岡本千万太郎氏が、昭和15年に雑誌「国語教育」2月号から5月号にわたって、「基礎文型の研究」を発表した。なお、文型に準じて考えられるべきものに、昭和19年4月に、湯沢幸吉郎氏が、国際文化振興会の名において発表した「日本語表現文典」がある。

　さて、このような基本文型の第一開花期は、ちょうどそのまま、大東亜戦争の進行時期であった。戦争を別にしても、日本の勢力が東南アジアに伸びていった時期であった。当然の要求として、外国人に、なるべく早く日本語を教えなければならなかった。そうなると、国語学者の書いた国文法書は、少しも役に立たず、文法より文型が必要になった。その中でも、何はともあれ、まず身につけさせるべき「基本の文型」を見つけることが必要であった。そういうわけで、国語における文型問題が、そもそも基本文型から出発したのであった。しかし、例えば青年文化協会の保科以下5氏は、「広く表現の型というものを調査して、その上に立つのでなければならない」とし、その調査を実際行なった上で、基本文型を抽象したのである。岡本氏も「文型とはなにか。『コレ　ワ　ホン　デス』とゆう文は、『……ワ……デス。』とゆう文型に属すると、わたくしは考える。……『ホン　オ　ヨム。』『ジ　オ　カク。』などもまた、一文型をなす。こうゆう意味での文型はかなり複雑・多岐であって、その形式をきわめつくすことは、むつかしい。そこで各種の文型のうち、比較的簡単で基礎的な文型の考察が、まず要求せられる。」といっており、実態調査を行なったかどう

かは知らないが、文型中最も重要なものを基礎文型とする考え方は、はっきりしている。

以上、基本文型の先覚者たちが、文型と基本文型とについて、正しい見解をもっていたことは明らかであるが、残念なことに、その人たちの調査そのものは、公表されなかった。したがって、文型には数えられるが、基本の選からはもれたというものに、どんなものがあるか、知る由がない。そのために、一般の読者は、「基本」について深く考えるひまがないうちに、戦後の、第二開花期を迎えることになった。

昭和23年に、三尾砂氏の「国語法文章論」が出て、きわめて独創的な見解が示されたが、文型練習への展開を必要とする国語教育の現場には、必らずしも、すぐ役立つものでなかった。昭和26年に、国立国語研究所が「現代語の助詞・助動詞」をまとめた。これは新聞雑誌等の文章を実態調査したものであるから、さすがに現代的な言い回し方が、ずらっと出て来た。この研究を主として担当した永野賢氏は、これを学校文法の面に展開して、「学校文法概説」(昭33)に「現代語の文型」として整理した。そこには、例えば、「主題の提示のしかたのいろいろ」として、

は	写真は若乃花
も	オリンピックも無事終了し、
とは	文法とは語から文を構成し……際の法則である。
って	男って案外甘いものね。
と言えば	薬の中で何がよいかと言えば○○が一番……
なら（ば）	本能的な愛情ならば、動物も持っている。

その他、「だって」「とて」「なんか」「たら」など、今までの文法教科書には現われなかった用語法が示された。もちろん、この本では、「基本文型」のことは、言われていない。

今は文献紹介が目的ではないから、これ以上、人々の研究には、ふれない。以上を通じて、わたしに気がかりなのは、国語教育界での「基本文型」の要求と、学者の「文型」研究との関係である。戦後、国語教育家と、国語学者・言語学者との接触が密になってきたことは結構であるが、これは、ともすると学者の言説が不消化のまま教育現場に持ちこまれる結果をも生じやすい。文型についても、「基本」を

選定するための基礎作業として提出された「文型」が、そのまま無批判に、「基本文型」にすり変えられてしまいはしないかという心配がある。

4.「基本」の意味をもう一度

　国語学辞典の「基本文型」の項には、石黒修氏の解説で、「子供のかたことのように一部の語だけしか言わないとか、外国人などがその言語に慣れないために語の並べ方を誤り、ある語が落ちたり、多かったり、また親しい間などで、ぞんざいに言う時にはその中心となる語だけを言って、あとの語を省略することもあるが、これらに対して基準となる完全な文の型が基本文型である。」とある。この「基本」の意味は、前段で紹介した輿水氏の三分類には、はいっていないものである。「知らんよ、おれは。」に対して「おれは知らない。」を、「君、知らない？」に対して「君は知らないか（知りませんか）。」を基本として立てることになる。石黒氏は、さらに続けて「口語と文語、話しことばと書きことばとか、話しことばの中でも、親しい間、改まった場合、男と女、子供など、書きことばでは文学的、論文的、説明的などの文や手紙によって、それに用いられる語やスタイルが違っても、それらに共通する表現の型が基本文型である。」と言っている。つまり、いろいろな方言や階層語に対して標準語を立て、一語のさまざまな表記法に対して正書法を立てるのと同じで、この考えには、「基本文型」よりもむしろ、「標準文型」の名を与えたら適当ではないかと思われる。かりに、これを、「国語政策上の基本」と呼んでおこう。石黒氏が、このあと、輿水氏の挙げた（1）と（3）（統計上、理論・思索上）に当たるものに言及しているのは、むろんである。

　以上のほかに、今一つ、コミュニケーションの経済から考えた基本というものもある。語彙の方でいえば、オグデン（C. K. Ogden）が基礎英語850語を選定したのにならって、土居光知氏が基礎日本語1100語を選び、

　覗く──穴より見る。（狭いところを）通して見る。

　望む──遠くから見る、遠く対して見る、見えるところにある。

のように、すべての語を基礎語で置きかえることを考えた（昭和8

年1月公表、同18年6月「日本語の姿」に収録)。文型にも、こういうことを考えて、複雑な文型を追放し、ある範囲内の文型だけで、一切の言語表現をまかなうということも考えられる。外国人に言語教育をするときの、「これだけの型を知っていれば、曲がりなりにも、意は通じる」という実用的考え方の「基本」も、つまり、これなのであるが、ここで、事新しく「経済」といったのは、例えば翻訳機械にのせやすい文章を作るというような、特定の条件のもとで作文する場合には、出来あがった文章が、一般の人にわかりやすいかどうかということは度外視され、機械が用意している所定の文型に当てはめることだけが考えられる。もし今かりに命令文を知らない機械があるとする。これに、訳させるには、「行け。」といえば簡単なものを、命令文を避けるために「行くことを命ずる。」と平叙文で言うことになるだろう。

このように見てくると、「基本」には、少なくとも次の5種の意味があることになる。
  (1) 統計上——使用頻度が高い。
  (2) 学習上——習得しやすい。
  (3) 理論・思索上——命題叙述の根本をなす。
  (4) 政策上——統一の根拠をもつ。
  (5) 経済上——特定環境下での伝達効率を増す。
だから、一口に基本文型といっても、それを必要とする場面の性質によって、いろいろな基本文型がありうるのである。

5. ここでいう基本文型とは

わたしは、文型の調査と、基本文型の選定に、深い関心をもっているが、まだ、然るべき規模の調査を行ない得ないでいるので、客観的な基礎づけをもった基本文型を提出することはできない。しかし、本書の標題にもうたってあるように、わたしは、ここで基本文型に関与するであろう。そこで、本書での「基本」の条件を、明らかにしておこう。

まず、統計的な頻度調査は、行なっていないから、(1) の条件は、満たすことができない。むしろ、今後、その種の調査を行なうときに、

測定の尺度として用いうるような分類基準を立てたつもりである。ただし、われわれは、だれでも、体験によって、直感的に、ある事象の出現頻度の高低を身に感じている。そして、「日常茶飯だ」「よくあることだ」「珍しくはない」「たまにはある」「めったにない」というようなことばで、その度合いを言い表わす。そういう直感は、わたしも、ここで働かしている。

　学習上の基本性については、最も配慮した。しかし文型を記述する順序は、第11段で述べる言表の構造の順序に従っており、易から難へというような順序は、ふんでいない。元来、わたしの文型発掘作業は、ある社の小学国語教科書本文について行なったのが中心で、それに、参考書や、日常の話しことばから採集したものを加えたのである。(ただし文例はわたしが作った。)だから、教科書の戸籍にもどって、文型の学年別配当など、できないこともないが、あまり意味がない。なぜなら、教科書は読みものが主であるから、書きことば的な文型の大事なものは、3年生ぐらいで、大体出そろってしまうのに対して、話しことば的な文型は、出が遅いし、少ない。また、教科書の文章にあるということと、それを文型として教えるということとは別であるから、2年の教科書にある文型だから、2年で教えなければならないということにはならない。こういう次第で、学年別の考慮も、していない。全体として、小学校の課程の間で、身につけさせたいものはこの程度だと考えた。

　次に、命題の述べ方としての論理学的な考察はしなかったが、文型のきめ方、つまり、言表を型にまとめる原理として、おのずと支えになったのは、文法的な語結合の法則よりも、むしろ、認識とか了解とかが、どのように成立していくかを問題にする、言語心理や論理に即した考察であった。

　国語政策上の基本性については、つねに考えた。わたし自身が東京育ちなので、話しことばの面では、つい東京方言の言い方を入れたくなるのであるが、それは、入れても、基本とはせず、全国、どの社会でも、使って間違いのない形だけを基本とした。

　最後の経済上の基本性は、問題としては、すこぶる興味あるものであるが、ここ、国語教育の場面では、あまり必要がないので、その方

面の考察は、しなかった。以上、まとめると、本書では、
　ア）　よく使われると直感したもの。
　イ）　小学校のうちに身につけさせたいもの。
　ウ）　標準的言い方といえるもの。
の三つの意味での基本文型を、思考と言語の関係から考えた原理で分類配列して示したということになる。しかし、いずれにしても、わたしの主観による選定であることは、さきに言ったとおりである。基本文型の示し方は、くわしくは、凡例と第3章第9段とに説明があるが、ここでは、基本文型を太字で示し、一般の文型と区別したことをことわっておく。

第3章
国語教育になぜ文型が必要か

6. 標準語教育のために

　「標準語」とか「方言」とかいうのは、「日本語」「英語」などというのと同じに、それぞれの言語体系全体をさすことばである。ということは、標準語や各方言は、一言語体系の構造要素である音韻、音調、語彙、文法の全面にわたって、それぞれの特色をもっていることを意味する。

　小学校の先生には、標準語教育に非常に熱心な人と、きわめて冷淡な人とがある。そして、その中間の人は、比較的少ないように感じる。別に調べたわけではなく、ただ、少ない接触経験から得た感じだから、確かなことは、言えないが、しかし、所々に、際立って熱心な先生があることは事実である。そして、まわりの人は、いささか迷惑そうな顔をしているということがある。

　わたしは、標準語教育に熱心な先生に、もちろん敬意を表するが、同時に、それを迷惑がる先生の気持もわかる。何といっても、先生方自身が標準語に自信がなければ、その方面の教育にも気乗り薄になるのは当然である。子どもに教えようとするたびに、自分のことばが気になって、劣等感におそわれるというわけだろう。これは、標準語教育に限らず、劇教育などでも、同じことがいえる。概して、人前で口を開くことのすききらいは、人の性格の外向・内向をきめる大きな要素ともなるほどで、話すことの実演は、やれと言われても、そう簡単にやれるものではない。

　標準語教育が、多くの先生に、大きなためらいを感じさせるのは、それが、ただちに発音の訓練として受け取られるからだと、わたしは思う。もとより、発音を正すことは、標準語教育の大きな面ではあるが、決して、それだけがすべてではない。語彙・文法の面もあるのである。発音は全く実技であって、方言生活でかたまったおとなが、今

さら、標準音を言おうとしても、生理的にむずかしいかもしれない。語彙や文法は、知識的に理解する面が大きいから、方言生活になじんだ人が標準語の語彙や文法に、心理的な反撥を感じることはあっても、生理的に、それを受けつけないということは、ありえない。標準語で「今晩は」というのを、ある方言では「お晩です」という。こういうことには、語彙の問題として、だれでも興味をもつ。さらに、これは文法の問題でもある。両方合わせて「今晩はお晩です。」「今晩はよいお晩です。」というと、一個の整った文になることから、「今晩は」と「お晩です」とでは、発想の違いに伴った文型の違いがあることがわかる。標準語で「あなたはうそを言っているのではありませんか。」と言うのを、ある方言では「あんた、うそ言うとんのと違うか。」と言う。一方が「ない」「ぬ」という否定判断で表わしているものを、一方は「違う」という、否定の意味をもった語による肯定判断で表わしている。こういった違いは、先生も子どもも、いっしょにおもしろく考えていくことができるのであって、「それ違う。」「こう直せ。」といって、うるさくつつくのとは別な学習を展開することができる。

　そういう意味で、文型学習も、発音の学習に並んで、標準語教育の一面をになうことができる。そして、この面では、全国の先生を熱心な先生と冷淡な先生とに二分しなくてもすむのではないかと思う。

7. 国語学習の系統化のために

　生活学習から系統学習への復帰が叫ばれて、両者を統一した形の新指導要領ができた。出来あがった指導要領の特色として、目立つことは、「ことばに関する事項」が独立して記されたことが第一、思考力を養うとか、論理的文章の読解力をつけるとか、構成の整った文章が書けるとか、つまり、ことばの論理性を高く評価する態度が強く打ち出されたことが第二である。そして、系統化が最も端的に現われたのは、「ことばに関する事項」である。

　しかし、指導要領は、全国の教育現場の最低必要条件を示すものであるから、その文句は、必然的に、きわめて抽象的である。「ことばに関する事項」も、例えば、「文」に関する記述だけを見ると、

3年　文の中の意味の切れ目やことばのかかり方に注意すること。
　4年　文の中の意味の切れ目やことばのかかり方にいっそう注意すること。
　　　　文における主語、述語の関係、修飾の関係に注意し、(また文と文との接続、文章における段落相互の関係などにも注意を向けること。)

と3項目あるきりである。3年と、4年の第1とは、「いっそう」があるだけの違いであるから、つまりは、2項目と考えられる。それも、「ことばのかかり方」は明らかに、主述、修飾のことであるし、「意味の切れ目」というのも、重文や複文の中での、従属文のまとまりなどをさすのだろうから、やはり、主述、修飾の関係に帰するであろう。すると、結局、一切が、主述、修飾の関係把握に集約されることになる。だから、「文」に関する、指導要領の系統化を、あらためて、まとめてみると、

　①　2年までは、自覚させなくてもよい。
　②　3年から、「切れる」「かかる」の程度で、つかませる。
　③　4年以後は「かかり方」の関係を、もっと細かく考えさせる。

ということになろう。これ以上の細かい系統化は、教科書の編者、学校、地域の研究団体、教師個人等が考えなければならない。ところが、考える時の拠り所は文法以外にないから、文法書につくと、どうしても、体言、用言、連体、連用など、文法用語が出て来る。そこで、教育と用語との関係で苦労しなければならないし、用語がいかめしい割りには、学習内容のとぼしい教案ができてしまうおそれがある。小学校の国語教育現場が、既成の文法学に頼れば、どうしても、そういうことになるであろう。

　もともと、「ことばに関する事項」は、記述としては、まとめられたが、学習は、「聞くこと、話すこと、読むこと、書くことにわたって」行なうべきものである。これらの広い活動にわたって、「文」に関する「ことば」の自覚が、主述、修飾の関係に限られては、それがいかに微細にわたったとしても、さびしい話である。文は解剖されるよりも、全体構造として把握さるべきものである。全体構造としてとらえるというのは、その文が生れる前の、心の中の「想」が、どうい

第3章　国語教育になぜ文型が必要か　　17

う流れをたどって、その文にかたまったかを知ること、少し象徴的にいえば、文の「生命」を形の上から追跡することである。主述、修飾の関係が全部わかっただけでは、そのような、生体の構造はとらえられない。それには、どうしても、文型としてのとらえ方が必要である。文型に関する広い見通しができていれば、現在よりもっと親切な、言語要素の系統化ができるであろう。もちろん、これは、現在の指導要領に注文をつけているのではない。指導要領があまり親切に細かいことまで規定しては困るので、抽象的であるほうがよいが、それでも、1、2年には言及せず、3、4年の開きは「いっそう」で片づけ、5、6年は適宜に深めろで、また言及せずというのは、すこし芸がなさすぎる。もし、文型についての考察がもっと盛んになって、ある程度の定説を見ることができるようになれば、指導要領の書き方も、もっと違ってくるであろう。

　それから、論理的文章の読解が重んじられてきたことは結構であるが、ここにまた気づかわしいことがある。それは、論理的文章と文学的文章とを、また両者の読解法を、あまりに異質のものと考えすぎはしないかということである。児童の学習形態は、両者確かに違うべきであるが、指導者が、教材の文章を読む時には、一応同じような読み方もしておかなくてはならない。少なくとも、文学的文章を、論理的文章を読む時のように、知的に分析しておくことは必要である（その逆は必要でないと思うが）。そうでないと、作者の作意や技巧をつかむことができない。また、論理的文章には、会話はほとんど出てこないが、文学的文章には豊富に出てくる。だから、わたしたちが、日常、人と意思を通じ合う時に、どんな形の文を作っているかの知識は、論理的文章をいくらくわしく読んでも得られず、文学的文章を知的に分析しなければ得られないわけである。そのように読むことが文学的文章の把握をさまたげるのなら、しないほうがいいが、さまたげるとは考えられず、逆に助けると、わたしは思う。特に文末表現のいろいろな形は、会話からでなければ得られないものが多い。文学的文章を、会話のことばについても、地の文についても、文型としてとらえていくことこそ、真にことばの力の秘密を解き明かすことになり、その文学性に迫ることになるであろう。そういう意味で、論理的文章は論理

的に読み、文学的文章は文学的に読むとして切り離してしまうことには、わたしは反対であり、文学的文章をも論理的に読む必要があると考える。

　そうなると、文学的文章の教材をも、言語教材として見なければならず、その意味での系統を立てなければならない。その系統化に役立つのは文型の考察である。

8. 文法学習が実を結ぶために

　前段の前半で述べたような「ことばに関する事項」の影響もあって、文法学習ということが、一つのはやりのようになっている。しかし、文法学習は、はっきり目標を見定めてからやらないと、何のために苦労するのかわからなくなって、どこで文法のカンを働かせなければならないかの判断を誤ることになる。

　今ここに、
　　沈黙は金である。
という言表があるとする。これは、沈黙と金との等価性を、明快に断じている。この判断をめぐって、いろいろな言い方がありうる。

① 沈黙は金であることがある。
② 沈黙は金であるといえる。
③ 沈黙は金でないとはいえない。
④ 沈黙は金であるといってもいい。

等々、原文と、これらの文との違いは、「である」という判断の明快さがどの程度にぶるかというところにある。すなわち、比ぶべきものは、判断の形としての「である」「ことがある」「であるといえる」「でないとはいえない」「であるといってもいい」等である。ここに、なまじっか「文法」が介入すると、これらの判断用語をそのままの形で比べることをこばんでしまう。①の述語は「ある」で、その主語は「こと」であるとか、②は主語のない文で、「沈黙は金である」とは「いえる」にかかる連用修飾語であるとか、そんな文法的せんさくをすることが、この場合、何の役に立つであろうか。これら5個の文章は、その文法的構造がどうあろうとも、沈黙が金であるかないかということを同一の対象にした文で、文末に現われた判断の形式が違う

だけなのである。これが、文型からの見方であり、前段で「文の生命を形の上から追跡する」といったことの一つのあらわれである。

　それならば、文型学習が一切で、文法学習は無用の長物なのであろうか。そうではない。まず文型としてとらえたならば、今度は、そのような文型をささえるために、どのようなことばが、どのような形で働いているかを知らなければならない。「である」の「ある」は、「在る」という意味の動詞でなく、「である」あわせて「だ」の意味をなす助動詞であること、「ことがある」の「ある」は本来の動詞であり、多くの事象を考えて、その中にいくつか、「沈黙は金」を立証する事象が「在る」といっているのだということ、「ある」「いう」のような動詞系の語による判断に対して、「ていい」の「いい」は形容詞であること、この形容詞は本来の「良好」という意味から脱して、ある判断の許容を表わす語として一般に「〜していい」「〜してもいい」と使われること、こういう文法的考察が、この段階で生きてくるであろう。

　また、
　　　学校の先生は教師である。
という命題があるとする。これを、
　　　学校の先生を教師という。
　　　教師とは、学校の先生をいう。
と言いかえることはできるが、「沈黙は金」を、
　　　沈黙を金という。
　　　金とは、沈黙をいう。
と言いかえることはできない。このことは、
　　　——ハ——デアル
　　　——ヲ——トイウ
　　　——トハ——ヲイウ
という三つの文型の関係について考えさせる。「デアル」による結合では、両概念の間の関係が比較的自由であるが、他の二つでは、両概念の完全な一致が要求される。そのことから「と」という助詞のもつ案外大きな力に気がつく。「とて」「とばかり」「として」「とあって」などの言い回しの中で、「と」がいつも重要な、同一認識の働きをし

ていることが、知られてくるであろう。こういうことも、文型の考察を抜きにして、頭から、「〜を」「〜と」は、ともに「いう」にかかる連用修飾語であると理解しただけでは、つかむことができないのである。

　文型学習と文法学習とは、決して相容れないものではない。どちらかがどちらかに、とって代るべきものではない。文法能力がなければ、文型を見出すことができないし、文型がつかめなければ、文法は生きないわけで、まさに、文型と文法とは共存共栄の関係にあるのである。

9. 文法書とは違う本書の記述法

　文型は文法を基礎とし、背景として、つかまれるものであるから、本書で文型を記述するに際しても、もちろん、文法の体系に依存する。例えば、一語文を成立させる要素としては、「感動詞1個、体言1個、用言1個、連体修飾語＋体言、……」といったぐあいに、既成の文法組織をそのまま使って述べてある。しかし、これは、あくまでも、文法組織を利用しているのであって、文法のために文法を記述しているのではない。であるから、当然、文法書とは違う形式の記述が出て来る。

　前段の例でいえば、「沈黙は金である。」と「沈黙は金であることがある。」とは、文法的に述語をつきつめれば、「である」の「ある」と「がある」の「ある」とが相並ぶであろう。文型の記述では、「である」と「であることがある」とが並ぶのである。さらに、「ことがある」にそいやすい副詞「よく」「ときには」なども、典型的と認められれば採用し、「よく——ことがある」「ときには——ことがある」が「である」と同列の判断形式として並ぶのである。これを見て、「なんだ。分析がたらぬではないか。」と言われては困る。

　また、文法は法則を重んずるから、記述に当たっても、法則性、一貫性を際立たせて書く。例えば、「ない」という助動詞を提出し、これが、動詞型活用の未然形、形容詞・形容動詞型活用の連用形に接続する（形容詞・形容動詞につく「ない」が助動詞であるとか、ないとかの議論は、ここでは問題にしない。）ということを述べておけば、あと、いろいろな助動詞に、また「ない」がつけばどうなるかという

第3章　国語教育になぜ文型が必要か　　21

ことを、いちいち示す必要はない。しかし、文型としては、まとまった判断形式としてとらえるのであるから、可能判断を一つの型として立てれば、あとはそれに「ない」をつければ、しぜん、不可能になると放ったらかさないで、やはり「不可能判断」という型を立て、その語形を示すのである。もちろん、この種のやり方が、あまりわずらわしくなって、かえって学習の負担になりそうな場合には、簡潔な、法則的記述ですますことはある。

　概して、文法は、実現の可能性を法則としてとらえることが目的であるが、文型は、現に実現している形の中から型を抽象するので、文法より具体的となり、論理が一貫していないように見える場合もあるのである。

第4章
ふたたび文型の定義

10. 従来の考え方

青年文化協会の「日本語基本文型」は、文型を、
(1) 表現の種々の場合における文型
(2) 語の用法に関する文型
(3) 文の構造に関する文型

の3項目に分けて記述した。この本は、「日本語練習用」だけあって、おそろしくドライな本で、文型と文例だけが記してあって、解説的な文章は1行もない。したがって、文型がなぜ上記三種に分れるか、その理論的裏づけは知ることができない。以下、それを推測してみる。

「表現の種々の場合」には「オ──ナサイ〔クダサイ〕」*以下34型があり、各型の中が オ「動詞」ナサイ 　ゴ「漢語動詞」ナサイ などのように、いくつかの型に分れるので、結局159個の型が含まれている。34型から目につくものを拾ってみると、

　　──テハイケマセン〔ナイデクダサイ〕
　　──ハ──デスカ〔マスカ〕
　　──デスネ〔何テ〕〔ドンナニ〕〔──デセウ〕
　　──ガ──モノデスカ〔──ハ──ハシマセン〕

といったぐあいである。大体、文の最重要部である述語の陳述部の形や働きで分類してあるように思えるが、

　　──ハ──テ──マス
　　──ニハ──ガイリマス

＊　この本では、代入すべき語の種類を表わすいろいろな記号が用いられているが、引用に際しては、説明がわずらわしいので、単純化して示す。

のようなものもあるから、文にまとめる時の着想・発想といったものにも留意しているらしい。

「語の用法」は、「は」「が」「のに」「か」「だけ」のような文中・文末の助詞類、「ない」「ます」等助動詞類、「てあげます」のような補助動詞と助動詞の合体したもの、「そう」「どうぞ」のような副詞類等、78項目（はっきり78個とは言いがたい）を挙げ、おのおのを小項目に分けて示してある。「語の用法」という通り、文全体の形は度外視して、これら助詞・助動詞類が、文の中でどんな働きをするかがわかるようにしてある。日本語らしい言い回しを、これらの語を索引にして並べたものといえよう。

「文の構造」は次のようになっている。

主語を用いない文「――デス」等15個

主語の構造　　　「――ハ――」等16個

述語の構造　　　「――マス」等21個

補語の構造と位置「――ヲ――」等24個

独立語　　　　　「――、……ハ」（「もしもし、あなたは」）等2個

重文・複文　　　「――ハ――　――ハ――」等3個

合計81個の文型がある。この分類法は、はっきりと文法の観点に立っている。

以上3分類を、わたしのことばでまとめると、

（1）述語の陳述部で完結する発想の型

（2）辞によって索引式にまとめた型

（3）文法的構造の型

この3分法は、以後文型を考える人が、いくぶん疑念をもちながらも、一応準拠せざるを得ないものになったようだ。国語学辞典の「文型」は永野賢氏の執筆になるが、やはり、この分け方によっている。ただし順序は、「構造」が（1）、「表現」が（2）、「用法」が（3）となっている。そして「以上三種の文型は、分類というよりは、観点ないしねらいの違いに基くもので、重複がある。文法論的には、（1）と（2）とに限り、さらに体系化されることが必要である。しかし教育的には広義の立場に立ち、具体的な文の典型の選定に重点が置かるべきであろう。」と記されている。その後、永野氏は、前にも引用し

た「学校文法概説」で、「文の構造に関する文型」「文表現の意図に関する文型」の2項目に、文型をまとめた。

　文表現の意図によって、日本語の「言い方」を整理したものでは、多分、前述した湯沢幸吉郎氏の「日本語表現文典」が最初のものに属するであろう。この本の特色は、表現の意図を「希望」「命令」「意志」等々に分類しただけでなく、文成立の原理を、かなり根本的に考察していることである。例えば、
　　二事物の一致を表わす言い方
　　事物の存在を表わす言い方
　　事物の性質・情態を表わす言い方
　　知覚・感情及び巧拙を表わす言い方
　　動作・作用を表わす言い方
のような項目が設けられている。その説明も、

　「夏は暑い」といえば、「暑い」は「夏」の属性（永久的）を表わすが、「君は暑いのか」といえば、「暑い」は「暑いと感ずる」の意（一時的）となる。…このように知覚や感情を表わすのに、形容詞を用いることがある。

のように、相当つっこんだものである。「日本語基本文型」の「表現の種々の場合における文型」が、述語の陳述部の形以外の点で考察した、何かはっきりつかみがたいものが、ここで一応整理された形である。

　ごく最近（昭35、6月）、国立国語研究所から「話しことばの文型(1)」が刊行された。さすがに、従来の文型関係の、ほとんどあらゆる文献に当たってあるので、すこぶる周到な考察が施されている。この本では、文型を、
　(1)　文の表現意図
　(2)　構文
　(3)　イントネーション（文末音調）
の3点から分類している。音調が取り上げられたのは、資料がすべて現実の話しことばの録音であるところから、その分析ができたため

第4章　ふたたび文型の定義

で、これがこの研究の最も新しい点である。今一つの特色は、表現意図を、コミュニケーションの立場から立体的にとらえたことである。この考察には、主として宮地裕氏が当たっている。宮地氏の分類法を次に示そう。

表現意図
- 相手に対して、あらたに何かを表現しようとする意図
  - 相手に対して求めるところのない表現意図
    - ①詠嘆表現
    - ②判叙表現
  - 相手に対して求めるところのある表現意図 …③要求表現
- 相手のことばに対して、何かを表現しようとする意図
  - 相手に対する受容応対の表現 …④応答表現

①詠嘆表現
- 未分化的表現（感動詞による）
  - 声的感動詞による表現
  - 語的類型を持つ感動詞による表現
- やや分化した表現（形容（動）詞類による）
  - 形容（動）詞類による表現
  - 形容（動）詞を含む文的類による表現

②判叙表現
- 判断既定の表現
  - 事実の叙述
    - 態の表現
    - 様の表現
    - 時の表現
  - 断定の様相
    - 断定の表現
    - 希求の表現
    - 推定の表現
    - 意志の表現
- 判断未定の表現
  - 判断未確定
  - 判断への疑念

③要求表現
- 質問的表現
  - 肯否要求
    - 確認要求の表現
    - 判断要求の表現
  - 選述要求
    - 撰択要求の表現
    - 説明要求の表現
- 命令的表現
  - 消極的行為要求の表現
  - 積極的行為要求の表現

④応答表現 ｛ 未分化的表現 ｛ 声的受け / 話的類型を持った応答詞 / やや分化した表現 ｛ 指示詞（＋文末助辞） / その他類型的表現

11. 言表の構造と「文型」の定義

　以上述べたところによって、文型をとらえる手がかりとして、どうしても拠らなければならないのが、文法的構造の類型と、述語の陳述のし方の類型とであると考えられてきたことがわかる。そして、助詞・助動詞の用法から文型をとらえることは、表現の練習には便利だが、論理の一貫性を欠くために文型全般を整理分類する原理には、とうていなりえないこともわかる。

　文法的構造が、文の型を記述するのに最も文句のないとらえ方であることは十分納得できる。しかし、そこに現われる文の成分とは、主語、述語、連体修飾語、連用修飾語、独立語、接続語、それくらいしかないのであるから、複雑な文をこれらの成分に分けきってみても、結局ただ分けたというだけであって、それによって、その文の特質を明らかにすることはできない。述語がなければ文は成立しないのであるから、すべての文には述語がある。あと、主語があるかないかは、やや文の特質をきめることになるが、修飾語のあるなしを言ってみても、いっこう響きそうにない。そもそも修飾語とは、被修飾語に対してだけ意味のある相対的な呼び名であって、文の中での絶対的位格を示すものではない＊。「この語は修飾語だ」ということは、その語が主語でも述語でもないことを示すだけで、その語が文の成立に、どんな要素として関与しているかを示しはしない。このような呼び名は、既成の文の説明のためにだけ、文法論の中で用いられればよいのであって、多少とも、文の成立原理に関与しようとする文型論には、直接

＊　このことについては、松下大三郎氏の「改撰標準日本文法」（昭5、中文館）によく書いてある。

縁がないということができよう。わたしは、文法上の構造論はあくまでも文法論の中で行なって、文型にまでこれをもってくる必要はないと考える。

　文型において、「構造」として大切なのは、文法上の構造ではない。もっと、意味に即した構造である。「日本語基本文型」が「表現の種々の場合における文型」の中で求めようとして、はっきりつかめなかったものを、「日本語表現文典」が一応整理したと前段で述べたが、この点の研究を、もっと押し進める必要がある。「話しことばの文型（1）」も、この点では、まだあまりつっこんでいない。それは、資料がすべて話しことばであり、構造の簡単なものが多い関係で、全くやむをえないのである。

　ここで、言表というものの構造を、あらためて考えてみよう。ことばを発する前には、必らず心の中に何らかの想がある。想が完全に熟してからことばを発する場合もあり、熟さぬうちに口を開いたり、筆を取ったりする場合もあるが、発せられた限りにおいては、そこまでの想は、心中すでに言語化されていたわけである。この、心中での言語化は、これから言いおおせようとするあるまとまりへの展望の遠近に従って、薄く、あるいは濃く、脳裏に印せられる。おぼろげながらでも、これから言及することがらの到達点と、途中のコースについて、何かの目星はついている。その目星をたよりに、一歩一歩、直前の路を懐中電灯で照らして、足をふみ出して行くように、実現することばは、いつも、実現の直前に確定するのである。その実現直前の段階で行なわれる作業は語句の選択である。すこし遠い見通しとして、意味の一段落を予想するときその段階で行なわれる作業が文型の選択である。すなわち、文型とは、心中の想が言語化されるに際して、想の流れに一応のまとまりをつけるために、支えとして採用される、語の並びの社会的慣習である。

　言語は、時間系列の中にのみ存立する、思考と伝達の媒介物である。時間は区切りのない延長であるけれども、これを、1時間、2時間と区切って測るように、時間的存在である言語活動も、その姿をとらえるためには、どこかで区切らなければならない。今これを、

1）　言い始めの時の姿勢

2) 言い終りまでを見通した姿勢
3) 言い終る時の姿勢

の3段階段に区切り、そのおのおのの中に、言語の異なった側面の構造を見出すことにしたい。そして、それぞれの姿勢が採用する文型を「起こし文型」「運び文型」「結び文型」と呼ぶことにする。「起こし」は「言い起こし」「説き起こし」の意味、「運び」は想を「運んで行く」の意味、「結び」は文字通りの意味である。従来の考え方と対比すると、「結び文型」は、ほとんどそのまま「文の表現意図に関する文型」に当たり、つまり、述語の陳述部を問題にするのであるが、「運び文型」は従来の文型が必らずしもすっきりと扱い得なかった、文構造の意味的な解明を志したものである。

「起こし文型」は、従来、文の連接のし方として、文章論の中で考えられていたものを、文型としても考えてみようとしたもので、着眼は新しいつもりである。

さて、「結び文型」は従来の考えを受けついだように言ったが、内容においては、そうばかりでもない。もっとも、さきに示した宮地氏の、表現意図の考え方は非常に新しいもので、これからは非常に多く啓発されたが、わたしの考えは、またすこし違うところがある。わたしは、宮地氏が「判叙表現」としたものを、「判」と「叙」とに分けて考えた。そして、「叙」は述語の意味の部分、時枝文法でいえば、述語の「詞」の部分、記述言語学の用語でいえば、述語に用いられた語の「意義素」に当たる（全く同じではないが、近い）部分と考え、これに「描叙」の名を与え、「描叙段階」と称した。「段階」という言い方は、これも、言語を時間軸に沿っての実現過程と見るところからの命名であり、結び文型を四つの段階に分けた。それは、

1) 描叙段階
2) 判断段階
3) 表出段階
4) 伝達段階

である。描叙段階は、今述べた通りで、対象の描き方を吟味する段階である。次にそれに、言語主体が肯定、否定、過去認定、推量等の形で判断・決裁を下し言表が一応整う。感情の動きもなく、伝達の目的

第4章　ふたたび文型の定義　　29

もなくただ淡々と事実を叙したり、自分の考えをたどったり、それだけしている時は、ここまでの段階で言表が終ることもある。

　　きのう、雨が降った。

と抑揚なしに言ったり、日記帳に事務的に書きつけたりした時は、判断段階まででとまったものと見られる。それが、

　　きのうは、雨が降ったっけなあ。
　　きのう、雨が降っていたらよかったのに。

などとなると、描叙と判断を含んだものが、ある感情で包んで投げ出される。ただ描き、判じただけでなく、何かのはけ口を求めて外部へ放出されている。こういう機能を一般に表出というので、これを表出段階と呼んだ。表出には、感動、願望、意志その他がある。次に、

　　きのうは、雨が降りましたね。
　　きのう、雨が降ればよかったのにねえ。

などといえば、明らかに、相手に伝達しているので、ここまで来たものを、伝達段階をふんだものとする。伝達には、単純な伝達（通達）から命令、要求、依頼等々が含まれる。

　　これらの段階は、前の段階を経なければ、あとの段階へ進めないというものではない。

　　雨よ。

といって人に知らせれば、描叙段階から、一気に伝達段階にとんでいる。ただし、時枝氏が零記号の陳述と呼んだ形においてなら、少なくとも判断段階はふんでいる。いずれにしても、4段階はあまり、杓子定規に考えるべきものではなく、原理的な構図として設定したものである。

　　以上述べた言表の構造を、図に表わせば、

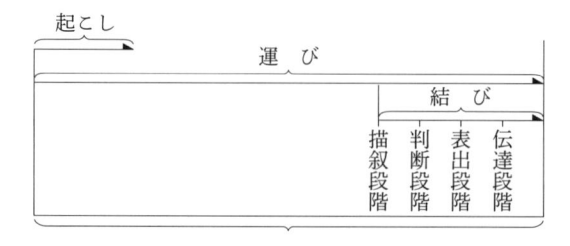

```
 ┌起こし┐
 │     │┌──── 運 び ────┐
 │     ││          ┌─ 結 び ─┐
 │     ││          │         │
 │     ││描 判 表 伝│
 │     ││叙 断 出 達│
 │     ││段 段 段 段│
 │     ││階 階 階 階│
```

となる。「起こし」「運び」「結び」をそれぞれ矢印で示したのは、文

を完成させるべく推進して行く力と見たからである。それらの推進力によって完成された全体が文である。そしてそれら推進力が採用する型が文型である。

　この3種の文型は、いずれも、文の流れ全体にわたるか、あるいは、それに関与するものである。起こした時の姿勢は、後々まで影響を与えるし、結びの働きも、突如最後に現われるのではなく、やはり、最初から、結びへの何らかの顧慮はあるのである。であるから、この3種を概括して、「全体文型」と称することができる。これに対して、全体の流れには影響を与えず、局部的に働く文型がある。「日本語基本文型」で「語の用法に関する文型」といわれているものの中に、かなり、そういうものが見出される。ここでは、これを「局部文型」とし、さらに全体文型とまぎれぬよう「相」という名を与え、これを想の流れの方向に関するもの、つまり構造に関与するものと、想の流れの強さに関するもの、すなわち、力に関係するものとに分けて記述した。各文型の内訳は、以下、章をあらためて、個々の文型を記述する際に述べるので、ここでは、今までに述べた所を表にまとめよう。

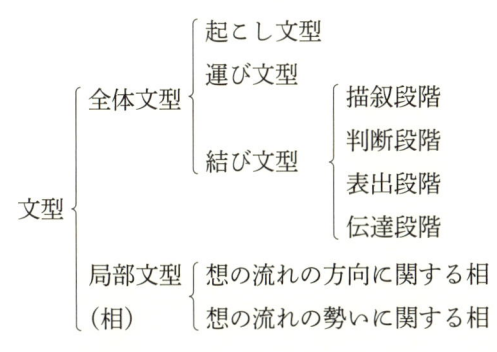

```
          ┌ 起こし文型
          │
          │ 運び文型        ┌ 描叙段階
    全体文型┤                │ 判断段階
          │                │ 表出段階
          │ 結び文型 ───────┤ 伝達段階
文型 ┤
          │
    局部文型 ┌ 想の流れの方向に関する相
    （相） └ 想の流れの勢いに関する相
```

　この構想によれば、一つの文は、最小、3種の文型をそなえていることになる。どの文についても、起こしは何型、運びは何型、結びは何型ということが、いわれるわけである。そして、文によっては、局部的に、何々の相をそなえているということがいわれる。相は随時隋所に現われるから、相の数は規定できない。

第 2 部　文型の記述

第5章
起こし文型

12. 起こしの姿勢とその言語化

　言表は「文」を単位とするが、言表しつつある人の意識からいえば、一文一文でのまとまりを、表現行為のまとまりとしては自覚しない。文を切る働きは、ほとんど無意識に行なわれることが多いのである。言いたいことを、一応言い終ったと感じた時、そのひとまとまりは「文」ではなくて、「文章」である。文と文章との間に、もうひとつ、小さなまとまりを考える時、これを「段落」という。段落は、自然の話しことばのときは、あまり意識することがなく、流れるままに、次々と、ものを言うのであるが、書きことばにおいては、しばらく書いて、ひとまとまりつけては、また次の段階へ進もうとする。そのひとまとまりが段落である。

　文が文章の中にある時、それが文章の最初にあるとか、段落のはじめにあるとか、文章の中途、段落の中途にあるとか、そういう、位置のいかんによって、その文を起こす姿勢に違いがあるであろうことが察せられる。最初の一文には、必らずや、説き起こす気構えが強く現われるであろう。後続の文の起こしには、何らかの形で、前文を受けつぐ姿勢が見られるであろう。「見られる」といっても、それは、はっきりした形に現われるとは限らない。それをそのまま、文章の頭に置いても通用する形をしていることは、いくらでもある。そんな場合には、受けつぎを文型としてとらえることはできない。

　総じてすべての文について、起こし文型を見定めることは、なかなかむずかしいが、できる所までやってみよう。名称は、説き起こすものを「始発型」、受けつぐものを「承前型」とする。

　①れんげの花の上を、ひらひらと、ちょうがまっています。②<u>その</u>ちょうの間をぬって、小さなはちが飛んでいます。③<u>だきかかえる</u>

ようにして、花びらにとまり、頭を花の中におし入れては、花から花へ飛びうつって行きます。④みつばちです。⑤みつばちは、花のみつを集めている<u>のです</u>。

という一段落の文章がある。5個の文から成っている。①は文句のない始発型。②は文頭の「その」がはっきり受けつぎを示す承前型。③は受けつぎのしるしはないが、これをもし、冒頭にすえたら、どうもすわりが悪い。ということは、この文が承前型である証拠である。この文を承前型にしているものは、主語がないことである。このように、始発にはなりえないと感じさせる要素があれば、それを承前の要素と考えるが、見てすぐわかるしるしは無いとしなければならない。④も同じ（この形については後段で論ずるところがある）。⑤は一見始発型のようでもあるが、やはりそうではない。「<u>みつばちは、花のみつを集めています。</u>」と比べたら、「のです」が前文を受けてその解説をしていることがわかる。これも、しるしにまではならないが、承前の要素をなしている。

　始発にしても承前にしても、それを明瞭に示すしるしを「記号」と称し、「始発記号」「承前記号」と呼ぶことにする。
　起こし文型を分類すれば、次のようになる。

起こし文型 ┬ 始発型 ┬ 始発記号のあるもの
　　　　　│　　　　└ 始発記号のないもの
　　　　　└ 承前型 ┬ 承前記号のあるもの
　　　　　　　　　 └ 承前記号のないもの

第1節　始発型の起こし文型

13.　始発記号のある始発型

　始発記号は、書きことばよりも、話しことばにおいて、多く使われる。なぜなら、書きことばでは、その書かれている位置からして始発・承前の別が明らかであるのに、話しことばでは、話し始めや、話題の転ずる所では、聞き手の注意を喚起する必要があるからである。以下記号の性質によって分類する。

13.1　相手に呼びかける語による始発

【感動詞・間投詞の類で】

◎もしもし　◇もしもし、中村さんですか〔電話〕。もしもし、ちょっとおたずねします〔直接問いかけ〕。●まだコミュニケーション関係のできていない所に、初めてその関係を開通させようとする時に用いる。

◎えー　◇えー、ただ今から始めます。●話し始めに「えー」と言うのは、あまりきれいな話し方でないとされているが、聞き手がまだ聞く体制になっていない時などは、やむをえない。

◎あのー　◇あのー、中村君いますか。●これも、なるべく使わないほうがいいことばだが、小さい子どもなど、「あのー」「あのねえ」「んとねえ」等を使わないと、ことばが出て来ない場合もある。

◎おい　◇おい〔オイ〕おもしろそうだぞ。●ぞんざいな問いかけ。

◎やい　◇やい〔ヤイ〕返事をしろ。●見下して、ものを言いかける。

◎ねえ　◇ねえ〔ネー〕、あなた。ねえ、あちらへ行ってみませんか。●親しい間での呼びかけに用いる。「あした行くでしょ。ねえ、あなた。」の「ねえ」は、むしろ、前文のだめ押しをしているから、本項には入れない。

【相手をさすことばで】

◎みなさん　◇みなさん、〔ミナサン〕こんにちわ。みなさん〔ミナサン〕、みなさんは海を知っていますね。

▽　**直接名ざす**　◇中村さん、行きましょう。太郎君、わかりましたね。先生、先生のうちはどこですか。

13.2　自己に対するかけ声による始発

自己に対するといっても、厳密に自己だけに対するとは限らず、自己と相手をいっしょにして、相手にさそいかけることも多いので、それをも含める。

【感動詞・間投詞の類で】

第5章　起こし文型　37

◎**さあ**　◇さあ〔サー〕、これから手品を始めます。さあ〔サー〕、もうやめましょう。　●これからの事態に期待をかけさせたり、次の行動をさそいかけたりする。

◎**さあさあ**　◇さあさあ〔サーサー〕、紙芝居の始まり始まりーい。さあさあ、どいた、どいた。　●強く注意を喚起する。

◎**おや**　◇おや〔オヤ〕、変なものがあるぞ。おや〔オヤ〕、あなたでしたか。　●前の例は、いぶかる気持。あとの例は意外な発見。ともに驚きを含む。

◎**はて**　◇はて〔ハテ〕、ここはどこだろう。はて〔ハテ〕、困った。　●いぶかる気持。自分で判断がつかない場合の言表を導く。

◎**さて**　◇さて〔サテ〕、何から食べようか。さて〔サテ〕、この間の話ですけど……。　●次の行動・事態に移るきっかけを作る。「はて」と合して「はてさて」となれば、「はて」を強めた表現になる。

◎**いや**　◇いや〔イヤ〕、全く驚いた。　●感きわまってことばが出ないという態度での言表を導く。さらに強まれば「いやいや」（どうも、これは。）「いやはや」（恐入りました。）などとなる。

◎**そうそう**　◇そうそう〔ソーソー〕、あそこで会いましたね。　●以下のことを思い出して言う。

◎**さよう**　◇さよう〔サヨー〕、あれは、いつのことでしたか、……。

◎**よし**　◇よし〔ヨシ〕、行ってみよう。よし〔ヨシ〕、今に見ろ。　●以下のことを強く決意したことを示す。相手の言を聞いて「よし」と応諾するのは、これとは異なる。少し余裕のある表現として「よしよし」（今行ってやるよ。）があるが、応諾と接近してくる。

13.3　習慣的な語り始めの語による始発

話は、「いつ」か「どこで」かで始まることが多い。民話などは、それを原則とする。したがって、時と所を示す語が、習慣的に話の始発の語になる。これらの語は、一つの文の始発記号であるというよりは、文章全体の始発記号と見るべきである。「ある日のことでした。」

のように、一文がそっくり、文章の始発記号になることを思えば、それは明らかであるが、それは文章論での話として、ここでは、文の始発としての範囲内で考察する。

【名詞を含む副詞句で】

◎**むかしむかし**　◇<u>むかしむかし</u>、ある所に、おじいさんと、おばあさんがありました。　●単に「むかし」であることもあるが、重ねるほうが多い。話を楽しんで聞く態度を作らせる。

◎**ある日、ある時**　◇<u>ある日</u>、わたしは道を歩いていました。<u>あるとき</u>、2匹の犬がけんかをしました。　●「むかしむかし」に比べると、始発性は弱く、話の中での、新話題への転換といった感が強い。「ある夜」などになると、なおさらである。

◎**あるところに、ある〜に、ある〜で**　◇<u>あるところに</u>、欲ばりのおばあさんがいました。<u>ある国に</u>、えらい王様がありました。<u>ある町で</u>にぎやかなお祭りが行なわれました。

【特定の連体詞で】

◎**ある**　◇<u>ある</u>、風の吹く、寒い晩のことです。<u>ある</u>、5月の晴れた日に、わたしは山に登った。<u>ある</u>、りこうな犬の話です。　●「ある」と、次の名詞との間に形容の語がはいる時は、「ある」で音の小休止があることが多い。その時は「ある日」や「ある国」と違って、「ある」そのものに強い始発性が置かれ、聞き手は「ある」の段階で強い期待を感じる。

13.4　承前記号用の語による始発

指示語が問題になる。「こ」「そ」「あ」のつく語（指示語）は、元来は、話し手と聞き手との共通の場に然るべき現物があり、それをさし示すのに用いられた語であるが、やがて、その第一次用法から第二次用法に移り、そこに現物はなくても、話の中で一度言及したものを、両者の間の共通理解として、現物に代置し、それを指示するようになったものである。犬を目の前にして「<u>これ</u>はりこうな犬だ」といえば、第一次用法、「うちに犬がいるが、<u>これ</u>がりこうなやつでね。」といえば第二次用法である。

話しことばの中には、第一次用法も少なくないであろうが、書きこ

とばでは、書き手と読み手とが同時共通の場面にいないから、図解などをさす場合と、会話の引用を除けば、もはや第一次用法は現われない。話しことばでも、二者間の会話でなく、まとまった「お話」を演述することになれば、それは、「お話」という第三の世界を創造するのであるから、やはり、同じことになる。ただ、この場合には、身振り手真似がはいるから、書きことばよりは、第一次用法の領域は広い。

　そういう次第で、書きことばや、お話の、地の文に現われる指示語は、みな、さされるものが、一度ことばで描き出されたものである。であれば、すべてそれらは承前の働きをするので、始発性をもって使われることはないはずである。ところが、実際には、

　　それは去年のことだった。

というように、始発に使われることがある。これは恐らく欧文の翻訳から来た言い方ではないかと思うが、それはとにかく、このように使われる指示語は、承前の働きを逆に、予告に転じているのである。結果を先に出して、あとから肉付けをするやり方である。この類の文型をあげる。

【指示語で予告的に】

　◎**これは**　◇これは〔コレワ〕、おとうさんがまだ子どもだったころの話です。

　◎**それは**　◇それは〔ソレワ〕、雪の降る夜のことであった。●「これは」より、いくぶん書きことば的である。「これは」は「以下自分が話すことがらは」ということで、本来の指示機能をもっているが、「それは」は場面全体をさし、目をつぶって情景を描かせるような働きをする。

　◎**ここは**　◇ここは〔ココワ〕、太平洋のまっただ中である。

　◎**そこは**　◇そこは〔ソコワ〕、町を見おろす丘の上であった。

　◎**あれは**　◇あれは〔アレワ〕、たしかおとといの秋でしたねえ。（君と山へ行ったの。）あれは、たしか、おとといの秋でした。（わたしが山へ行ったのは。）あれは、忘れもしない、おとといのきょうです。（わたしは……）　●第1例は相手も知っていることを共通に想起しながら話し出す場合。第2例は、相手がおぼろげに輪郭だけを知っていることを話し出す場合。第3例は相

手の知識を全く顧慮せず、独白のように目をつぶったり、あらぬ方を見つめたりしながら言い出す場合。始発性は第2が弱い。
　◎こんな　◇こんな〔コンナ〕ことがありました。こんな〔コンナ〕話って、あるでしょうか。　●かなり勢い込んで話し始める場合が多い。「そんな」は始発には使われない。「あんな」は取り乱した場合には、あり得るかもしれない。
　◎こう　◇こう〔コー〕なんです（聞いてください。）

【接続詞で】
　接続詞は本来承前の働きをするものであり、ここに示すのは、全く例外的で正しい用法ではないが、現実にあるので参考までにあげた。
　◎しかし、だけど　◇しかし〔シカシ、シカシ〕驚いたなあ、きょうは。だけど〔ダケド〕変ね。　●まだ言語化されていない共通の体験を経た者の間での、話の切り出しに用いられる。親しい間でなら、まれには、自分だけの体験を、この形で話し始めることもある。どちらにしても、逆接の語が用いられるのは興味深い。

14.　始発記号のない始発型

　これは、取り立てて言うまでもない。一般の文で、承前記号もついておらず、承前の要素もないものは、すべて始発に使えるわけである。
　　ねこがいます。
という文は、りっぱに始発で通用する。しかし、その前に「いぬがいます」という文があっても、いっこう、さしつかえない。
　　いぬがいます。ねこがいます。さるがいます。みんな仲よくしています。
④には承前の要素があるが、①、②、③は、どれが前へ出ても同じである。このような文は、現実には承前の位置にあっても、型としては始発型としておかざるをえない。このようなのは、始発の可能性があるから始発型だというので、最も消極的な意味での始発型に属する。
　これに対して、もうすこし積極的に、始発性の要素をもったものがある。これを客観的と主観的とに分けてみる。

第5章　起こし文型　　41

14.1　客観的な始発要素をもつ始発型

13.3 で述べたように、話のはじめは、時と所を示すことばであることが多い。時間・空間場面を、まず設定するわけである。

【時間・空間場面を設定する文】

▽無主語文　◇<u>朝</u>です。<u>月の明かるい夜</u>でした。<u>1961年1月1日のことであった</u>。●この形が物語の始めの本来の姿で、これに無理に形式主語をつけたのが 13.4 の「これは」「それは」だと思われる。●無主語文による始発は、空間より時間関係の表現の場合のほうが多い。

▽連用修飾語による設定　◇<u>今から約百年前</u>、東京は、まだ江戸といっていました。<u>北アメリカのアラスカに</u>　エスキモーが住んでいます。●これらの中から定型化して、始発記号となったのが 13.3 の「むかし」「ある所に」の類である。

14.2　主観的な始発要素をもつ始発型

これは主として会話の切り出しの文であるが、とかく大げさな表現から始まることがある。

【意味を強調することばで】

▽感動詞に近い副詞　◇<u>どうも</u>、実に感心しました。<u>ほんとうに</u>、いいですね、このへやは。●これが感動詞に定型化したのが、13.2「おや」「まあ」の類である。

▽卓立音調による言い出し　◇<u>きれえに</u>〔キーレーニ、キレーニ〕できてますねえ！　<u>すっごいね</u>〔スッゴイネ〕、これは！　<u>やっぱり</u>〔ヤッパリ〕ここにいたか。●これらの前に感動詞がつきやすい。つけば 13.2 の型となる。

第2節　承前型の起こし文型

15.　承前記号のある承前型

【接続詞の類で】

承前記号の最もふつうな形である。原則的には、「そして」「それから」のように時間的継起を表わすものと、「だから」「しかし」「ところで」のように論理的・心理的展開を表わすものとに分けられるが、

実際の用法では、そうはっきりとは区別できない。
◎**それから**　◇（電車をおりた。）それから〔ソレカラ〕バスに乗った。
◎**そして、そうして**　◇（日が沈んだ。）そして暗くなった。
◎**すると**　◇（暗くなりました。）すると〔スルト〕、星がかがやき始めました。
◎**つぎに、つぎは**　◇（まず胴体を作った。）つぎに〔ツギニ〕主翼を作った。（胴体はできた。）つぎは〔ツギワ〕つばさだ。
◎**さいごに、おわりに**　◇さいごに〔サイゴニ〕もう一つ申し上げます。

以上、時間的継起を主とするが、それを認めるのは人だから、どうしても論理・心理的要素もまじる。「するとさっきのは、うそですね。」などは論理的用法である。次は論理的順接を表わすもの。
◎**それで**　◇（父が病気で来られません。）それで〔ソレデ〕、私が代りました。
◎**そこで**　◇そこで〔ソコデ〕、みんな、困ってしまった。
◎**だから、ですから**　◇だから〔ダカラ〕、わたしは冬がすきだ。ですから〔デスカラ〕、認めることは、できません。●強く相手に迫るときは〔デスカラ〕となることもある。
◎**したがって**　◇（材料がいい。）したがって〔シタガッテ〕、ねだんも高くなるわけだ。
◎**というわけで**　◇〔長い理由を述べたあと〕というわけで〔トイウワケデ〕、きょうはやめます。●「で」は「デ」と上がることも「デ」と下がることもある。

次は論理的逆接を表わすもの。
◎**しかし**　◇（ここは難所だ。）しかし〔シカシ〕わたしは行く。
◎**だが、ですが**　◇（きょうは負けました。）ですが〔デスガ〕、まだ勝負はきまっていません。
◎**けれども**　◇（彼は死んだ。）けれども〔ケレドモ〕、彼の精神は死ななかった。
◎**それでも、でも**　◇それでも〔ソレデモ〕、地球は動く。（成績は下りました。）でも〔デモ〕、がっかりしてはいません。

第5章　起こし文型　43

◎それなのに　◇（わたしは誠実でした。）それなのに〔ソレナノニ〕、あの人は理解してくれませんでした。

◎だからといって　◇（あなたの気持はわかります。）だからといって〔ダカラトイッテ〕、あなたが正しいとはいえません。●「テ」と上がることもある。

◎とはいえ、とはいうものの　◇（あの子はしっかりしている。）とはいえ〔トワイエ〕、やはり子どもだ。

順接性のことばを、かえって逆接に響かして使うこともある。「人生は短かい。そして、芸術は長い。」次に、論理的ともいえるが、それよりむしろ心理的な、気分の転換、志向方向の変転を表わすものを示す。

◎ところが　◇（玄関で声がしたので行ってみました。）ところが〔トコロガ〕、だれもいません。

◎それに　◇（だいぶ遅くなった。）それに〔ソレニ〕、腹もへってきた。

◎それでは、では　◇（本堂の説明を終ります。）それでは〔ソレデワ〕、今度は五重塔に参りましょう。（おもてはだめか。）では〔デワ〕、裏から行こう。●転ずる度合が強いので、始発記号になることもある。「それでは、ぽつぽつ始めようか。」「では、おたずねしますが……」

◎それなら　◇（品物は保証するね。）それなら〔ソレナラ〕、買おう。

◎いっぽう　◇（こうして、かわいそうなカニは死んでしまいました。）いっぽう〔イッポー〕、さるは……

◎また　◇（日本は景色がいいので有名です。）また〔マタ〕、日本は、地震が多いのでも有名です。

◎つまり　◇（選にもれました。）つまり〔ツマリ〕、だめだったんです。

◎というのは　◇（お断りします。）というのは〔トユーノワ〕、引き受けても責任が果せないからです。●あとから理由を述べたり、裏づけをしたりする言い方なので、文末の「から」などと対応することが多い。

◎だって　◇〔相手のことばを受けて〕だって〔ダッテ〕、むこうは

大勢なんだもの。だって〔ダッテ〕、人間はみな平等でしょう。●自己の正当を信じ、また自己を正当化するために、弁解または抗議する言い方で、文末の「だもの」「ですもの」（「もん」となまる）「でしょう」「ではありませんか」等と対応することが多い。

「ところで」は本来この類であるが、転ずる働きのほうが強いので始発記号に準じて考えたほうがいい。また、以上の承前記号は、文頭にあるのが原則であるが、文中にはいる場合もある。上の例でいえば、

　　わたしが、それで、代りました。
　　日本は、また、地震が多いのでも有名です。

【副詞の類で】

接続詞に近い副詞がある。時間の経過に関したものや、それに伴う心の働きを表わすことばで、これらも承前記号となる。

◎**やがて、まもなく、しばらくして**　◇やがて〔ヤガテ〕、ラッパの音が響いた。まもなく〔マモナク〕、門はしまった。しばらくして〔シバラクシテ〕、また門があいた。

◎**いつのまにか**　◇いつのまにか〔イツノマニカ、イツノマニカ〕、あたりはすっかり暗くなっていた。

◎**とうとう**　◇とうとう〔トートー〕、おには降参した。

【指示語による接続詞的連語で】

接続詞相当の連語を作る働きは、「その」「それ」が最も強い。

◎**そのとき、そのあいだ、そのひまに、そのすきに、そのうちに、そのたびに、そのご**　●「その」による時間的表現。

◎**それ以来、それ以後、それからというものは、それより前、それよりこのかた**　●「それ」による時間的表現。

◎**そのうえ、そのほか、その他、そのかわり、その中でも、そのくらい、そのために、そのためか、そのせいで、そのおかげで、そのように、その反対に、その反面**　●「その」による論理・心理的展開の表現。

◎**それよりも、それにしても、それというのも、それくらい、それはそうと、それはそれとして、それゆえ、それほど、それもそのはず、それはそうだが、それはさておき、それに比べれば**

◎**そうすると、そうすれば、そうなると、そういうわけで、そういっ**

た次第で、**そういえば**、**そうはいっても**、そうした関係で、そうしたことから、**そうしてみると**、そういうことであってみれば、そういうことはあるにしても　●「そう」による論理・心理的展開の表現。
◎**そんなわけで**、**そんなことから**、**そんなことよりも**、そんなことなら　●「そんな」による論理・心理的展開の表現。
◎**そこへもってきて**、**そこへいくと**

「こ」の系統の指示語は、「そ」に比べれば、接続詞相当の連語を作る範囲は小さい。「これ」「この」「こう」「こんな」を通じて例をあげる。
◎**これからみると**、**これに対して**、これに比べれば、**これというのも**、**このように**、**このため**、**このほか**、このようなわけで、**こうして**、**こうしてみると**、**こういうわけで**、こんなわけで、こんなことから

【指示語が前文の特定のものをさす場合】
　指示語が接続詞相当の連語を作る場合と違って、主語その他の形でふつうに使われており、それが前文あるいは前文までに現われた何ごとかをさし示す場合、これも、その文の承前性を表わすので、その指示語を承前記号と見てよい。この場合には、承前記号が文頭にあるとは限らず、文中の、しかも相当うしろに位置することも少なくない。「これ」「それ」「あれ」「この」「その」「あの」「こんな」「そんな」「あんな」等がその働きをする。特定の文型としてはあげにくいので、二、三文例をあげるにとどめる。
◇いつか本を貸しましたね。あれを返してください。
◇熱帯魚にはいろいろ変ったのがあります。これはその中の一種です。
◇金が落ちている。だれもいない。あなた、どうしますか、そんな時。

16. 承前記号のない承前型

　はっきりした記号はなくても、承前の要素をもつものは、やはり承前型としなければならない。以下のような型がある。

【述語に解説性のある文】
　前段、接続詞による承前記号の中に、「というのは」や「だって」のように、文末述語の特定の形と呼応するものがあった。また、指示語が前文の何かを受ける場合にも「小鳥が死んでしまった。それは、

わたしがえさをやるのを忘れた<u>からだ</u>。」のような形がある。これらの文から承前記号を除いて、
◇引き受けても責任がもてない<u>からです</u>。
◇むこうは大勢<u>なんだもの</u>。
◇わたしがえさをやるのを忘れた<u>からだ</u>。
としても、承前の姿勢は変っていない。これらは述語の述べ方が、それまでの事態の解説に向けられているからである。このような述語の形式を解説性と名づけ、承前の要素とする。次のような形がある。
◎〔通常の形の文で述語が〕——からだ、——のだから、——だもの、——というわけだ、——のだ　◇（君に罪はない。）君は何も知ら<u>ないのだから</u>。（わたしのせいじゃないわ。）わたし、何も知らなかっ<u>たんですもの</u>。（急に外がさわがしくなった。）何か事件が起こっ<u>たのだ</u>。（わかりましたか。）すべて芝居だった<u>というわけですよ</u>。
◎〔無主語文の述語が〕——だ、——です　◇〔40ページ文章例の第4文〕みつばち<u>です</u>。　●同じく第5文は前項の例に属する。
解説は理由を述べることだからそれは必然、推測の形をとることが多くなる。前2項の断定の形が「だろう」「でしょう」となるほか、「らしい」などがつく。
　　◇きょうは、ばかにつかれた。あわない靴をはいた<u>せいだろう</u>。
　　◇氷がとけてきた。山にも春がき<u>たらしい</u>。
【追加、延長等を表わす副助詞を含む文】
◎も　◇（犬がいます。）ねこ<u>も</u>います。
◎まで　◇（雨が降ってきた。）風<u>まで</u>吹いてきた。
これらは、承前型になる可能性があるというだけで、これらがあればいつも承前型の文になるわけではない。「なんだ、君<u>も</u>いたのか。」「ブルータス、お前<u>まで</u>か。」は始発型である。
【成文の一部を前文に仰ぐ文】
　前文に示された語を、くり返し用いたり、「これ」「それ」などと指示語でさしたりするのがうるさく感じられるときは、それらは省略される。
　　◇太郎は胸がどきどきしてきた。<u>目をつぶって</u>心をおちつけた。
　　◇皿にはうまそうなパンがのっていた。わたしはすぐに<u>食べ</u>始めた。

第5章　起こし文型

◇馬がもどって来たのだ。わたしは、<u>とびのって</u>、ひとむち当てた。
だれが目をつぶったか、何を食べたか、何にとびのったか、言わなくても明らかである。しかし、これらが始発の文だったら、そうはいかない。承前なればこその省略である。
【承前的意味の語を含む文】
　◇いぬがいます。ねこがいます。さるがいます。**みんな**仲よくしています。
　◇前にはとらがいる。うしろにはおおかみがいる。**どちら**へ行っても、生きる道はない。
　◇男がふたり並んで歩いて来た。**右側**の男は、どうも見覚えのある顔だ。
　◇木箱が一つ置いてある。**ふた**に何か書いてある。
　このように、個々を示してから全体をくくるとか、全体を示してから部分を描くとか、また、対になるものをあげるとか、相対的な筆法で叙述が進む場合がある。その場合には、前文中のある語と特定の系統・関連関係に立つ語が承前文中に存在するはずである。それらを問題にするのは語彙論の領域で、文法や文型のかかわることではないと、一応は言える。しかし、語彙の問題ではあっても、それが、承前性という文の性質の一類型を形づくるのに役立っていれば、しかもそれが、たまたまその一語だけのことでなく、語彙の中で系統的にとらえられる形で働いているならば、これも文型論の対象にしてよさそうに思う。この項を文型として定位させるのに、まだ自信はうすいが、現実に学習には役立つ問題なのであげた。

17. 起こし文型余論

　起こし文型の体系化は、まだ充分ではない。弱点として、
（1）　始発と承前の境目が、必ずしも明確でない。「ところで」「ひるがえって」などと、話題を転じて話し出すのは、どちらに属するか、考えようでどちらにもなる。
（2）　現に承前の位置にあるが、形の上では、承前型の特徴をどこにももっていない文が、型としては始発型になってしまう矛盾があること。

の二つが指摘される。(1) には、大始発、小始発のような区別を設けるとか、始発、転換、承前の区分にするとかの方法が考えられるが、後考をまつ。(2) は、大規模な実態調査、あるいは、然るべき実験調査によって、解決の道があるだろうと思う。

第6章

運び文型

18. 意味的構造の論

英文法では、文の種類を、用途（use）の上から、

(1) 平叙文　Assertive Sentence
(2) 疑問文　Interrogative Sentence
(3) 命令文　Imperative Sentence
(4) 感嘆文　Exclamatory Sentence

の4種に分け、構造（strucuture）の上から、

(1) 単文　Simple Sentence
(2) 重文　Compound Sentence
(3) 複文　Complex Sentence

の3種に分ける。

　用途とは、表現意図のことと考えていい。4種の表現意図の違いは何によって表現し分けられるかというと、それは文の構造による。構造といっても、この場合は、単文、重文等の構造ではなく、文の構成要素（成分）の配置され方をいう。文の成文とは、主部（Subject）と述部（Predicate）とであり、述部は、動詞（Verb）、動詞の目的語（Object）動詞の補語（Complement）、主語の補語等から成る。これらの成文が平叙文の中でどういう位置を取るか、今、新津米造氏の「新英文法総覧」（A New Handbook of English Grammar）にまとめられた文例を引用する。

　これらの成分の相互位置が、表現意図の違いによって変化するわけである。

　また、述部の中で最も大事な働きをする動詞は、その叙述のし方によって、

(1) 直説法　Indicative Mood
(2) 仮定法　Subjunctive Mood

	Subject	Predicate						
		Verb	Object				Complement	
			Indirect Object	Direct Object	Retained Object	Cognate Object	Subjective C.	Objective C.
1	The Sun	shines.						
2	I	am					happy.	
3	Cats	catch		mice.				
4	He	asked	me	my opinion				
5	I	was asked			my opinion.			
6	He	slept				a sound sleep.		
7	They	elected		him				president.
8	He	was elected						president.

	主部 (主語)	述部						
		動詞	目的語				補語	
			間接 目的	直接 目的	保留 目的	同属 目的	主格 補語	目的 補語
1	太陽は	かがやく。						
2	私は	ある。					幸福で	
3	ねこは	とらえる。		ねずみ を				
4	彼は	たずねた。	私に	私の意 見を				
5	私は	たずねら れた。			私の意 見を			
6	彼は	眠った。				よい眠 りを		
7	彼らは	選んだ。		彼を				大統領に
8	彼は	選ばれた。					大統領に	

52　第 2 部　文型の記述

(3) 命令法　Imperative Mood

の3種に分けられる。直説法は、現に存する事実を描き述べ、仮定法は、現に存しないことがらを、いろいろな態度で思い描き、命令法は、現に存しないことがらの実現を、相手に迫るのである。

　このように、英語では、表現者の表現意図のあり方によって、語の配置法がきまり、動詞の形がきまる。それは、まさしく文型の問題であるから、英語では、少なくとも標準の形においては、文型は全く文法の体系によって支えられている。英文法を知ることは、英文による表現を行なうための必要条件になるのである。われわれの日本文法が、作文に寄与することがどうも少ないのは、なぜだろう。自国語だから、文法に記述されるくらいのことは、とっくに習慣として身についているからだろうか。ところが、外国人に日本語を教えるためにも、日本文法の本は役に立たないと、関係書物には書いてある。これは、文法書の記述され方にも原因はあるかもしれないが、それよりも決定的なのは、日本語の表現様式が、語順（語の配置法）によって決定されないことである。

　表現意図そのものについて考えれば、日本人も英語国民も、まず同じようなものをもっているであろう。その意図をことばに移すときの様式が日本人と英語国民とで違うのである。

　　きょうは、行く。

を疑問文にするために、日本文では、語の位置を変える必要がない（変えても疑問文にはならない）。ただ「か」とか「かい」とかをつければいい。いや、それも、つけなくていい。音調を質問らしくすればいい。音調も、しりを上げるとは限らない。逆に、おさえるように下げても、質問表現は成り立つ。さらに「の」などをつければ、それによって、疑問にもなり、響きにもなり、断定にもなり、強い自己主張にもなり、命令にもなる。微妙な音調の違いによって、どうにでもなるのである。こういう事実を、一目でわかるように、組織的・系統的に記述することは、とうていできない。

文の成分も、表現意図のあり方と、何も有機的な関係がない。

　　食べる？

という言表に、主語や目的語が、あろうがなかろうが、あってどうい

う位置を占めようが、言表の性質に何も変化はない。

　　おかあさん、パン食べる？
　　おかあさん、食べる？パン。
　　食べる？パン、おかあさん。
　　食べる？おかあさん、パン。

どれも、日常会話に珍しくない形である。だから、主語・述語のある文とか、ない文とか、連体修飾語、連用修飾語があるとかないとか言ってみても、それだけでは、その文の表現様式を何も規定したことにはならない。こういう点での文法的記述は、文を解剖するために意味があるだけで、文を作るという建設的意味はもっていない。

　また、構造上の性質をきめる単文、重文、複文の名称は、日本文法でも大体その通り用いられているが、日本文で、複文の性質をきめることは非常にむずかしい。今日の学説では、文の成立要素を、ふつう、述語に置いている。主語のあるなしは、文の成立上、問題にはならない。ところが、複文については、たいてい、主語述語の関係が文の中に二次的に含まれていることをもってその定義をすることになっている。

　　<u>あなたがくださった</u>本を読んでいます。

は複文だが、

　　<u>あなたにいただいた</u>本を読んでいます。

は複文にはならないのである。「<u>あなたに いただいた</u>」が主述関係にないから。しかし、それだけが独立して、

　　あなたに、いただきました。

となれば、主語はないまま、りっぱに単文になるのである。どうも、これはおかしい。

　それならば、日本文を、表現様式の上から構造的にとらえて記述することは不可能であろうか。わたしは不可能ではないと考える。その試みが、「日本語基本文型」以来の「文の構造に関する文型」に表われてきたのであるが、それらが、いつも、主語、述語等、文の成分にとらわれた考え方であるために、結局文法の範囲内にとどまらざるをえなかったのである。その点、「日本語表現文典」が「二事物の一致」の認定、「事物の存在」の認定、「事物の性質・情態」の叙述、「知

覚・感情及び巧拙」の叙述、「動作・作用」の叙述を以て、言表の根本と認めたことは、平凡なようでいて、すぐれた着眼であったと思う。

以下、わたしは無理に英語にひきつけていうならば、平叙文、及び動詞の直説法、仮定法に当たる部分を主として、文末叙述でくくられるまでの、想の流れが語を選択する時にあらわれる型を、運び文型として記述する。まず大きく分類する。

ものの構造は、ふつう、2個以上の要素の組み合わせになっている。組み合わせも、ただ、しかじかの関係で相並んでいるというだけでなく、互いに力を及ぼし合い、影響し合い、一方のある状態を抜きにしては、他方のある状態は成り立たないようになっている。柱がなければ、梁は落ちてしまうし、梁がなければ柱は立たない。すべての要素は、全体構造の中で力学的関係にある。言語表現もその通りで、文章全体の中で、文は互いに力学的関係にあり、各文の中では、語が互いに力学的関係を結んでいる。そういう意味で、文の構成要素としての語は、2個以上のものを考えるのがふつうである。

しかし、単細胞の生物も存在するように、構成要素1個だけで全体構造をなすこともありうる。文でいえば、一語文がそれである。今、つかみやすい形にするために、幾何学的図形として考えてみる。一語文は、1個の点でその存在を示すもので、型としては、孤立型と名づける。

次は、点と点とが結ばれることによって1回の表現行為が完成されるもので、これを結合型とする。結ばれる点の数は、2個以上いくつでもありうるが、2点では結合回数が1回であるので、1回と2回以上との間に質的な差を認め、結合型を、二点結合型と多点結合型とに分ける。

さらに、そのように点を結んだ線によって成立している緊張体系が、次の別な緊張体系へ連続することによって、もう一段上の緊張体系が完成するものがある。これを連続型と名づける。連続のし方にも、はじめの方向をそのままに直進するものと、やや方向を転じて展開するものとがある。前者を複線連結型とし、後者を複線展開型とする。

以上の分類を一括するとともに、これを図に表わしてみる。

運び文型 ｛ 孤立型 / 結合型 ｛ 二点結合型 / 多点結合型 ｝ / 連続型 ｛ 複線連結型 / 複線展開型 ｝ ｝

図中、黒点で表わしたのは、文成立の中核となる述語要素であり、白丸は、それ以外の要素である。

第1節　孤立型の運び文型

19.　一語文

本書の最初に、2歳児の一語文
　　オーキー！　キレー！　イク。
や、2歳半児の多語文
　　アラ、ドコイッチャッタ？
　　ネーチャン、イナイ？
などの例を示した。この場合、子ども自身の言語意識では、前者と後者との間に区別はないであろう。もしかしたら、「アラ」と「ドコイッチャッタ」との間、「ネーチャン」と「イナイ」との間には、一つ何かを言って、次に別のことを言おうとする気持が、一瞬働くかもしれないが、「ドコ」と「イッチャッタ」、「イ」と「ナイ」との間に意識の切れ目がないことは、まず確実と見られる。「イク」も「ドコイッチャッタ」も「イナイ」も、子どもにはひとつづきのことを言っている点で同じであろう。

　言表者の意識本位にいうと、一語文と多語文との間に、どこで一線を引くか、境目の認定は、きわめてむずかしい。しかし、言表者の意識を問題外にして、観察者の立場から見れば、形だけで割りきればいいのだから、境目の認定はやさしい*。ここでは、観察者の立場で見ることにし、一語文という時は、純粋に1語だけでできているものをさす。多少とも付属的な語がついたもので一語文と性質を同じくするものは「一語文的な文」と称し、次の段で扱うことにする。

　文型を示す前に、一語文は、どんな場合に現われるのか、考えておこう。それは、二つに大別される。

　第一は、認識し、表現したいものが非常に単純であるか、または未

分化であって、複雑に表現したくても表現しようがない場合、すなわち、一語文の形式が、表現行為として、まさにふさわしい場合である。柱に頭をぶつけた場合、一時、痛さだけが全心身を占領するので、「痛い」「いてー」「いたっ」など以外に選ばれることばは、ありえない。ねずみの姿がチラッと見えた。「ねずみ！」。それで充分である。また、信じていた息子にそむかれたと知った瞬間の母親の気持は、万感胸にあふれて、事態を分析的にとらえることができない。「太郎！」、あとは、ことばが続かないであろう。

　第二の場合は、文脈に助けられて、多くのことばを要しない場合である。文脈というのは、ことばの前後関係をいうだけでなく、その一語をとりかこむ、ことば以外のもの、その場の状況などを含むのである。ふたりの人が同じ花火を見ていて、ひとりが「きれー」といえば、相手には、何がきれいか、すぐわかる。本をさし出して「読む？」で充分通じる。「この本を読みましたか。」の返事は、「はい。」だけでいいし、「どこが痛いの？」の返事も「おなか」「ここ」など１語で充分用がたりる。この場合、言い方は、ほかにいくらでもある。「これはまた特別きれいだ。」「これ、お読みになりますか。」「ええ、読みましたとも。」「どうも、おなかのこの辺が痛みます。」等、言える能力もあり、余裕もある場合でも、そんなに長く言う必要がないのである。

　第一を自然現象、第二を経済現象としよう。

　一語文には、自立語なら、すべてなることができるが、主として、なりやすい語とその語形とを示すと、次のとおりである。

【感動詞１個で】

▽表出的な感動詞　●始発型起こし文型の始発記号になる感動詞は、ほとんど、それ１個で、独立に用いられる。ことばとしての感動

＊　語学的に厳密にいうと、一語の認定は、実は非常にむずかしい。「右うで」は「右」と「うで」とに分れるかどうか、「行ってしまう」は「行っ」「て」「しまう」に分かれるとしてもそのなまった形「行っちまう」「行っちゃう」は分けられるかどうか等、観察の目的や立場次第でどうにも考えられることである。この本ではこういうことで神経質にはなるまい。

詞と、音声としての叫び声・うなり声等とは、その境目がはっきりしない。それらの声に近いものを含めれば、感動詞の数はやたらに多くなるから、ここには、そのいくつかをあげるにとどめる。〔　〕内の文は、感動詞の表わす意味を、一つの場合について補い、または説明したもの。もし、その文が発話されれば、感動詞は一語文でなくなり、始発記号に転ずる。　◇あああ〔アーア〕。〔いやになるな〕　おや〔オヤ〕。〔変だぞ〕　おや〔オヤ〕。〔これは珍らしい〕わあ。〔うれしい〕ちえっ。〔いまいましい〕くそっ。〔まけるものか〕よしっ。〔がんばるぞ〕なあるほど〔ナールホド〕。しめた〔シメタ〕。しまった〔シマッタ〕。ええい〔エーイ〕。〔どうともなれ〕よいしょ。〔ヨイショ。〕

▽伝達的な感動詞　◇こら〔コラ〕。〔何をする〕ねえ〔ネー〕。〔そうでしょう？〕はい〔ハイ〕。いいえ〔イーエ〕。おうい〔オーイ〕。●呼びかけ、応答の語がこれに属する。表出の場合ほど、語は多くない。「それっ」と言って相手にものを投げたりする場合は、表出、伝達両方の性質を帯びている。

【副詞または副詞的語１個で】

▽感動詞的副詞　◎そう　◇そう〔ソー〕。〔はい、そうです。〕

▽状態や程度を表わす一般の副詞　◇もっと〔モット〕。〔たくさんくれ〕こんなに〔コンナニー〕。〔たくさんあるんですか!?〕はやく〔ハヤク〕。〔来い〕ちょっと〔チョット〕。〔来て〕もう〔モー〕。〔来たの!?〕まだ〔マダー〕。〔まだできないの？〕　●経済現象として、述語の中心になる用言よりも、それにかかる副詞を強調して、それだけを発話したもの。

【用言１個で】

▽動詞の終止形　◇ある〔アル〕。〔在る〕ある？〔アルー〕。〔在るか〕

▽動詞の命令形　◇来い。始め。とまれ。

▽漢語の無活用動詞　◇出発。　●号令として用いられるほか、描写の文章でも「準備は完了した。出発。」のように使われる。

▽形容詞の終止形　◇よろしい。うまい！　うまい？

▽形容動詞の語幹　◇みごと！

▽形容動詞の連用形　◇<u>かわいそうに</u>！
▽形容動詞の連体形　◇<u>失礼な</u>！
【体言1個で】
　子どもが、「これは何ですか？」という問いに答える時は、「花。」「本。」などと、名詞1個で答えるのがふつうである。「本はどこにありますか？」には「ここ。」「そこ。」「あそこ。」、「どれがあなたのですか？」には「これ。」「それ。」「あれ。」で済ます。聞き返す場合も、「本？」「これ？」の一語文でことたりる。いずれも経済現象で、名詞、代名詞は、すべて一語文をなすことができる。
　また、さきにあげた「ねずみ！」「太郎！」のように、自然現象としても、体言の一語文は、ほとんどの語について成立しうる。
【連体詞1個で】
　連体詞の数は多くない。その中でも、「ある」などは、一語文になれないが、「そんな！」はむちゃなことを言われた場合の自然現象として、「どんな？」は聞き返す場合の経済現象として成り立つ。
【接続詞1個で】
　それ自身独立した一語文というよりも、相手のことばを引き出すための、挿入の語として「それで？」「それから？」などと用いられる。

20.　一語文的な文
　中心になる語のあとに付属語がついたもの（活用連語）、中心になる語の前に修飾語がついたものを、合わせて、一語文的な文とする。
【一連の活用連語】
▽**用言に補助用言、助動詞、終助詞類がついたもの**　◇<u>行こ</u>う。<u>行って</u>やりましょう。<u>うまかっ</u>たなあ。<u>りっぱで</u>はありませんか。<u>合格し</u>てよかったですね。　●補助用言については、結び文型の描叙段階の中、第29段で解説するが「行ってやる」の「やる」、「合格してよかった」の「よかっ」（よい）のようなものをいう。
▽**体言に助動詞、終助詞類がついたもの**　◇<u>これ</u>だ。<u>あなた</u>でしたか。
▽**副詞に助動詞、終助詞類がついたもの**　◇<u>きっと</u>ですよ。<u>そう</u>さ。
【修飾語を伴った活用連語】

修飾語といっても、連用修飾語、それも副詞的なものに限り、英文法でいう目的語や補語は除外する。ただし、感動詞を含める。
▽副詞と活用連語　◇よく 来たね。どう しますか。もう やめたっと。
▽感動詞と活用連語　◇そら 行くぞ。さあ、始めましょう。ああ、君か。
【連体修飾語を伴った体言】
▽形容詞の連体形＋体言　◎形い体。◇こわい 顔〔コワイカオ〕。ひどい 人〔ヒドイヒト〕。●体言のアクセントが特に強調される。
▽形容動詞の連体形＋体言　◎形動な体。◇ばかな やつ〔バカナヤツ〕。りっぱな お城〔リッパナ（リッパナ）オシロ〕。
▽連体詞＋体言　◎連体な体。◇大きな うちわ〔オーキナウチワ〕。
▽体言＋体言　◎体の体。◇あんたの 顔！
▽活用連語の連体形＋体言　◇骨の折れる 話！　よくできた 人！
【上記の要素がかさなったもの】
◇まあ、なんて きれいな 花 なん でしょう。
　感　　感　　形　動　体
　　　　　　　　活　用　連　語
ほんとうに、よく できた 人 です ねえ。
　副　　　　　　　　　　
　　　　　　活　用　連　語

第2節　結合型の運び文型

21.　二点結合型

　古来、「S is P」「——ハ——ダ。」の形が、すべての思考の根本だとされてきた。明治初期の翻訳的文法が、これを取り入れて、主語と述語の完備をもって、文の成立要件とした。最近は、これが日本語の実情に合わないとして否定され、文の根本は述語にあり、主語とは、述語へかかる連用修飾語の一種に過ぎないと考えられるようになった。文法事実として、それは、まさに承認してよい。
　しかし、文法というわくを離れ、思考の用具としての言語について考えてみると、意識が一語の一点に集中している限りでは、まだ、思考が発展し、組み上げられる契機がない。思考が一連の活動として延

長性をもつためには、一点が他の一点との間に関係を結ばなくてはならない。その関係の最も根本をなすものは、同一認識（Identification）である。大体、ことばができたということこそ、同一認識（以下「同定」と呼びかえる）のおかげであり、ことばが、次々と、また、新しい同定を可能にしたのである。もっとも、ことばが、できてくるころの事情については、だれも知っている人がないから、わからない。今は、われわれがことばを使ったり、子どもがことばを覚えて考えを進めたりすることについて考えている。すべて高くもりあがったものに、同一の性質を認めたことからこれらをひとしく「山」という呼び名で呼べるようになった。目の前にある１個の富士山は、その中に、一般的な「山」を含んでいることが認められ、孤立的認識が結合的認識になる。富士山と箱根山が「山」として同定される。そのことは、同時に、同定されない部分のあることを明らかにする。高さ、登りやすさ、外形、その他いろいろな点で違いが見出される。大同の中に小異を立てることができるようになる。すべてのものの間に同一点と相違点を見出すことが、知識を体系化するための要件である。そういう点から、日本語を使う人間にも、外国語を使う人間にも、区別なく、二事物の一致と、したがって不一致とを認める活動が思考の根本であることを認めざるをえないし、それを表現する言語の型が言語活動の知的な面の根本をなすことを認めなければならない。二点結合型の運び文型とは、そのような同定の型を中心としてまとめたものである。

【体言と体言とが主述関係で結ばれるもの】

○は、だ　◎体は体だ。　◇これ は 花 だ。わがはい は ねこ である。あなた は 困った人 です。　●「だ」は判断する語の代表として示したので、「である」「です」「であります」等と等価値であり、認定の度合や、あり方によって、「だろう」「であった」などと、いくらでも変化する。これらは、結び文型の判断段階で扱うので、ここでは論じない。「だ」が代表型であることを忘れないこと。以下同様。

○が、だ　◎体が体だ。　◇君 が 犯人 だ。ここ が がまんのしどころ だ。

第6章　運び文型　61

「は」「が」の位置に「こそ」「も」「だって」などが来ることもありうる。これらは「は」「が」と同列に並ぶものではなく、第8章に説く「相」が加わったものである。相は、随時、いろいろな所に現われるものであり、もし、相の加わったものをも運びや結びの文型の中で記述すると、ほとんど収拾がつかなくなるので、それはしない。ただ、可能性を示すために、時折、文例の中に相の加わったものに示すことにする。

「は」と「が」との相違については、諸種の文法書に説明されている。要点は、「は」が述語の判断点に力がかかるのに対して、「が」が主語を示すことに力がかかることである。そのことの現われを、言いかえと否定とによって対照しておく。

　　　　　　　　　（言いかえ）　　（否定）
君は犯人だ。　　────────　君は犯人でない。

君が犬人だ。　犯人は君だ。　{君が犯人ではない。
　　　　　　　　　　　　　　 犯人は君でない。

【体言と用言とが主述関係で結ばれるもの】
○は　　◎体は用。　◇わたし は 行く。ぞう は 重い。君 はりっぱだ。だれ も 知らない。
○が　　◎体が用。　◇うし が いる。足 が 速い。材料 が 豊富だ。

【提題の語がただちに述語でくくられるもの】
○は　　◎体∪副詞は体∪用。　◇夏 は 海さ。お帰り は こちら。今度 は 君だ。ここ は 引き受けた。あす も 来ます。この次 でも いい。こちら こそ いい面の皮だ。帽子 なんか かぶらない。

【体言と用言とが、主述以外の関係で結ばれるもの】
「よく見なさい。」のように、副詞が用言を修飾する関係は、2点の結合とは見ないで、一語文的な文とした。修飾語としては同じ連用修飾語でも、「これを見なさい。」のように、体言がいわゆる目的語や補語の位置に立って用言と関係を結ぶものは、主述関係についで大事な関係と見て、ここに、同等に記す。

○を、に、へ、で、より、から、まで　　◎体＋格助詞類＋用。　◇本を 読もう。ここ に あるよ。あちら へ 行ってくれ。汽車 より 速い。どこ から 来ましたか。そこ まで 来たものですから。

【述語の省略で、体言と体言とが特定の意味関係で直結されたもの】

　ことわざなどで、習慣的に述語が省略されたため、「鬼に金棒」「ねこに小判」「地獄で仏」「花より団子」「ぬかに釘」「棚からぼたもち」のように、体言で表わされる形になったものは、ある意味では、二点結合型の典型ともいえる。

【定義と命名の型】

　考えを進める上で、いちばん大事なのは、二つの概念をただ、ある関係で結ぶだけでなく、二概念間の厳密な一致を目ざして、注意深く結合する作業である。この場合には、一方は名称となり他方は内容となる。被説明概念と説明概念といってもいい。名称が先で内容があとになるものを定義とし、その逆を命名とする。定義、命名の性質からして、内容の概念はどうしても多少複雑となるから、1個の語ではすまなくなることが多い。

　まず、定義は、上に述べた「──は──だ」の形で行ないうるが、特に次の型になりやすい。

○とは、だ　◎体とは体だ。体とは体のことだ。　◇人間 とは 道具を使う動物 である。辞書 とは、ことばを集めてその意味を記した書物 のことである。

○とは、いう、さす　◎体とは体をいう。体とは体のことをいう。
　●「いう」は「さす」にかえられる。　◇都会 とは、人口密度の高い地域 をいう。お人よし とは、善良で、あまりこうでない人 のことをさす。

次に命名の型は、これを逆にしたものである。

○を、と、いう、する　◎体を体という。体を体とする。　◇地球の引力 を 重力 という。国政の最高責任者 を 内閣総理大臣 とする。
　●「いう」の代りには、「称する」「名づける」「呼ぶ」「となえる」等、「する」の代りには「定める」等がある。応用の形式として、「──をさして──という。」「──を名づけて──とする。」等がある。

○が、だ　◎体が体だ。　◇さるが進化して、神と悪魔に近づいたのが 人間 である。　●「──とは──だ。」を逆転したこの形は、定義とも見られるし、命名とも見られる、中間的な型である。

定義・命名の説明概念が複雑な語型をとることについては、第8章第2節、注ぎの相、及びくくりの相の段を参照されたい。

22. 多点結合型

二点結合型とは、つまり、述語の位置にある1概念と、他の位置にある1概念とが関係をとり結ぶものをさした。他の位置とは、主語と、副詞以外の連用修飾語いわゆる目的語・補語などであった。今度は、それら諸位格の語が一つの述語に対して、同時に関係を取り結ぶものを、多点結合型として記述する。

【提題のもとに主述関係が述べられるもの】

○は、が　◎**提題語は体が用**。　◇ぞう は 鼻 が 長い。ここ は わたし が 引き受けた。今度 は 君 が 負けだ。あした は 試合 が あるはずだ。君 でも そんなこと が あるかな。そう は 問屋 が おろさない。

○は、は　◎**提題語は体は用**。　◇わたし は 勝負ごと は きらいだ。勝負ごと は、わたし は すかない。それ は わたし も 知っている。それ も わたし は 知っています。そこ に は、わたし は 行ったことがない。そこ なら わたし だって 行ったことがある。

【連用修飾の諸語が同時に述語にかかるもの】

○は、が、を、に、へ、より、から、まで、で　◎〔**左の格助詞が、さまざまな組み合わせに並ぶもので、特に型は記述しがたい**〕　◇これ を 君 に あげる。みんな で、天井裏 から 床下 まで さがした。光 は、太陽 から 地球 へ 8分間でやって来る。うさぎ は ねこ より 耳 が 長い。

【多点の2点に同定の対象を含むもの】

○を、と、に　◎**体を体として用**。**体を体と用**。**体を体に用**。　◇聖徳太子は、小野妹子 を 遣隋使 として 隋に送った。中村さん を 議長 に 選挙しよう。きょうから、あなた を 先生 と思います。

第3節　連続型の運び文型

23. 連続型の意味

今までに述べた3種の運び文型は、いずれも、その中に1個の述語を含んでいた。(一語文の一語は、体言であっても、述語である。

音調によって、述語の力を得ている。）逆にいえば、1個の述語で完成する文の型を、孤立型と二点結合型と多点結合型の3種に分けたわけである。

　次に、3種のうちのどの型をとるにせよ、想の流れが第1の述語に達したとき、そこで文が終らないで、また次のコースを流れ始め、第2の述語に至って、初めて文が完成する、そういう文型について考える。名づけて連続型とする。

　第1の述語、というとき、人はすぐ、複文の中の従属文を思うであろう。

　a.　あなたの知っている人がそこにいます。

の「知っている」のようなものを。今言ったのは、そうではない。

　b.　あなたが忍術をご存知なのは私も知っていました。

の「ご存知」も違う。「知っている」も「ご存知」も、「あなた」に対しては述語であるが、その主述叙述が「人」に流れ込み、「の」にくくられた時、文はもう一段高い次元に飛躍して、「あなたの知っている人」は「あなたの知人」、「あなたが忍術をご存知なの」は「あなたの忍術知識」という、それぞれ、文中で、結ばるべき1点に固まってしまう。それが従属文の特性である（第47、48段の注ぎ、くくりの相参照）

　わたしが連続型の文の中で、第1の述語といったのは、

　c.　あなたが忍術を知っているので、わたしは心強い。

　d.　あなたが忍術を知っていても、わたしは知らない。

　e.　あなたは忍術を知っていて、それを、いいことに使う。

の「知ってい（る）」のようなもので、これらの述語は、述語の役を果してから、次の文要素の中に解消してしまうことがない。「あなたが忍術を知っている」という文は、そのまま生きて、次の「わたしは心強い」等の文に対立し、影響を及ぼす。文法家は、一般に、eを重文とし、従ってeの第1文を従属文と見ない点では一致しているが、c、dの第1文をどう見るかでは一致しない。どちらかといえば、従属文と見る人が多いが、わたしは、意味から考えて、それに賛成しない。その点、山田孝雄氏の合文説*が、やはりすぐれていると思う。以下、一般にいう重文に大体当るものを複線連結型とし、山田氏の

第6章　運び文型　　65

合文に大体当たるものを複線展開型として、その文型を記す。

24. 複線連結型

　第1文の述語をなす用言または活用連語が連用形の中止法、または連用形に「て」のついた形で小休止するものを、線が線に連結する形に見立てて、こう命名した。（以後、あるいは略して単に連結型ということもある）。形は、今言った2種類しかなく、きわめて簡単である。次のように図式化しておく。

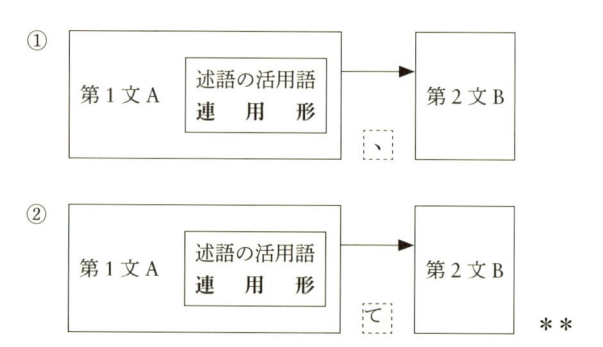

①
[第1文A] [述語の活用語 連用形] → [第2文B]
　　　　　　　　　　　　　　　、

②
[第1文A] [述語の活用語 連用形] → [第2文B]
　　　　　　　　　　　　　　　て
＊＊

　Aの場合の連用形には、次のような無活用語を含んでいる。
◇　一行は午後5時、羽田空港に到着、ただちに会場に向かった。

　①と②とでは、発生的には①が基本かもしれないが、実際の用法では、②のほうがずっと多い。①と②との意味上の違いは、ほとんどない。どちらかといえば、①のほうが、よそよそしく、ぶっきらぼうに並んでおり、「て」のある②のほうが、緊密に第2文につながる感じである。だから、連用中止の形がいくつも並ぶ場合は、その最後に「て」がつくのがふつうである。

＊　山田氏は文を右のように分類する。
　　　　文 ｛ 単文
　　　　　　 複文 ｛ 重文
　　　　　　　　　　合文
　　　　　　　　　　有属文

＊＊　囲みの中に囲みがあるが、これは、時枝氏の入子型とは関係がない。入子型で書けば、逆に、述語の辞が外側の囲みになる。

◇　右手に花をもち、左手に桶をさげ、腰にほうきをさして、歩いて行く。

以下、①、②をこめて、第1文Aと第2文Bとの意味のつながり方を調べてみる。

（1）　A、そして、そののち、B。

Aの述語が動詞の場合で、時間的経過に伴う連続を表わす。　◇春が過ぎ、夏が来た。食べるだけ食べて、寝てしまった。

（2）　A、そして、同時に、かつ、B。

2つのことがらの併存を表わす。　◇いつもの上着をきて、町を歩いている。横から見れば三角で、上から見れば四角。　●AとBとの間に格別必然的つながりがない。

（3）　A、そのうえ、おまけに、B。

◇気はやさしくて、力もち。家は富み、人は栄えている。損をして、おこられた。　●（2）と本質的に同じであるが、よい条件とか、悪い条件とかが同方向にかさなることの表現である。

（4）　A、しかも、それなのに、B。

◇となりにいて、口もきかないのかね。あなたが出て負けたとは！こんなてんにお住まいで、何が不足なのですか。　●（3）と反対に相反する条件と結果が結ばれるもの。

（5）　A、ところが、かえって、B。

◇やぶをつついて、へびを出す。ミイラを取りに行って、ミイラになった。　●前項同様、相反する因果関係であるが、これは、A文に、ある予期・期待があり、それが意外な方向に転じたもの。

（6）　AによってB。

◇歌ったり踊ったりして、一日をすごした。手を振って、別れを惜しんだ。辞書を引いて調べなさい。　●A文の述語が動詞の場合である。A文全体が、多分に副詞的になる。「当たってくだけろ」「塩をつけて食べる」など。

（7）　AなのでB。A、そのために、B。

◇くわが重くて、手がいたくなった。緊張しすぎて失敗した。丈夫で、いつまでもだめにならない。あまり見くびって、やりそこなうな。　●Aの意味を強調し、その結果としてのBを描く。強調の勢いから、

第6章　運び文型　　67

しぜんAに「あまり」「〜しすぎ」などの語がはいることが多い。この型のAの述語には、動詞も形容動詞もなるが、最もぴったりするのは形容詞である。「かたくて歯がたたない」「あまりおもしろくて、帰るのを忘れた。」等。また、動詞に副詞的修飾語がついている場合、強調は、その修飾語の意味にかかるようになる。「あまり遠くへ行って、まいごになるな。」「あまり高い所からとびおりて、腰をぬかしてしまった。」等。

（8）A、それはすなわち、別の言い方をすれば、B。
◇この部屋は実に暑くて、いつも30度以上ある。山本さんは、誠実な人で、引き受けたことは必らずやりとげます。この辺は東洋一の工業地帯と言われ、見渡す限り工場の煙突です。

「暑い」は主観的叙述、「30度以上」は客観的叙述。「誠実な人」「東洋一の工業地帯」という評価を現実の行為や状態で裏づける。このように、結局同一のことを、二つの側面から叙して、A文とB文に配したのがこの文型である。これは前項（7）の原因結果と通じるところがあるが同じではない。また、この型のA文が強勢されると、「さすがにAだけあって、B」という慣用的言い回しになる。この場合、Aが評価面で、Bは、それを裏づける事実である。「さすが、横綱だけあって、だれも寄せつけない。」その他、「そこは、やはり長男で、どこか、しっかりしたところがある。」「何といっても、もちはもち屋で、手つきからして違います。」などの言い方がある。

また、やはり、この型の一種で、自分の推測や感じをまずA文で述べて、その裏づけとなる事実をB文で述べるものの慣用的言い方に、「Aと見えて、B」「Aらしく、B」というのがある。「よほど疲れたと見えて、横になると、すぐ寝てしまった」「水泳には自信があるらしく、さっそうと、水にとびこんだ。」

（9）Aだとは、B。Aであることは、B。
◇合格なさって、おめでとう。お手紙くださって、ありがとうございます。お目にとまって恐縮です。ご無事で、何よりでした。みんなに会えてよかった。　●Aが現在の事実で、Bはそれに接しての話者の感じを表白したもの。

（10）A、それによると、その結果、B。

◇足跡から見て、これは、犬だろう。以上、三つの点から考えて、こう決めました。幸い病人もなく、無事に終った。どうも、調子が悪くて、失敗ばかりした。

(11) A、その場合、B。
◇うまくいって、五分五分でしょう。よくて、3点というところか。
●複線展開型の「ても」に当たる。

(12) A 文の述語が否定語で終る場合の慣用文型

「A」の中味が「A′でない」という形になっている場合がある。つまり「A′でなくて、B。」という文型で、これは、(8)の「A、すなわちB。」型の1変種と見られる。「A′でない、すなわちB。」ということで、Bを言うために、その前に、B以外のことがらをあげて否定し、Bの認識を効果的にする言い方である。 ◇よく見ると、それは人ではなくて、つののはえた鬼であった。犬は、どうしたのか、主人のほうへは行かないで、客のほうに、すり寄って行った。

25. 複線展開型

ここでは、条件の言い方とその受けとめ方をこう名づけ、その文型をまとめる。(以後、単に展開型ということもある)。ふつう、文法書では条件の言い方を、接続助詞の項目において説く。条件の設け方を「仮定」と「確定」(「既定」とする人もある)とに分け、条件から結果への続き方を、「順接」と「逆接」(「順説」「逆説」とする人もある)とに分ける。例えば、「高等国文法新講、品詞編」(木枝増一著、昭12。この本は、諸説をまとめてよく書いてあるので定評がある。文章編もある)では、次のように、接続助詞を分類している。

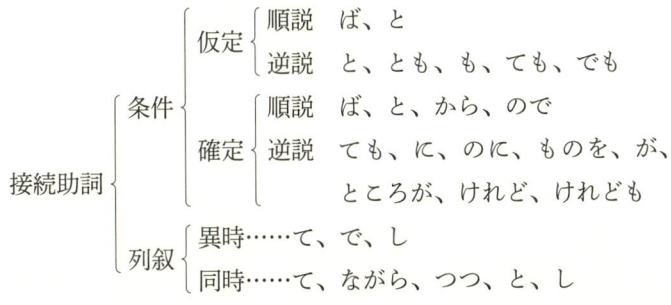

```
            ┌ 仮定 ┌ 順説  ば、と
            │      └ 逆説  と、とも、も、ても、でも
      ┌ 条件┤
      │    │      ┌ 順説  ば、と、から、ので
接続助詞┤    └ 確定 ┤ 逆説  ても、に、のに、ものを、が、
      │                    ところが、けれど、けれども
      │    ┌ 異時……て、で、し
      └ 列叙┤
            └ 同時……て、ながら、つつ、と、し
```

ただし、仮定のしかたは、「まだ成立しない条件を仮定的に表わす」

のと「条件の成立したものと仮定する」のとを区別してある。この区別は、個々の接続助詞に注目している間は、仮定・確定の別のかげにかくれて、表面に出てこないが、表現行為全体として考えれば、これは大事なことである。

　A「百万円拾ったら、どうする？」
　B「拾いっこないから、心配ないよ。」
　A「だから、もし拾ったとしてだよ。」
　B「だって、そんなものが落ちてるわけないじゃないか。」

　このふたりの食い違いは、どこにあるだろう。Aが夢想家で、Bが現実家だということか。むろん、それもある。が、発話態度として大事なのは、Aが、百万円拾うことを、実現の可能性あることとして話しているのでなく、考えとことばの上だけの世界で言っているのに対して、Bがその世界にはいれない（または、はいらない）でいることである。ことばを、事実の叙述に用いるか、非現実の事態の叙述に用いるかは、英文法では、動詞の直説法（Indicative Mood）、仮定法（Subjunctive Mood）の区別として、基本的な区別になっている。言語のいかんを問わず、この区別は、事実とことばとに対する人間精神の態度として、見のがしえない違いである。ただし、英文法では、

　　If it rain tomorrow, I will not go.
　（あした、雨が降れば、行くまい。）

も、仮定法現在（Subjunctive Present）として、仮定法の中にはいる。わたしは、この場合は、「あした雨が降る」ことを充分実現可能なこととして描いているのであるから、全く非現実の事態を描く仮定法過去及び過去完了とは、異質のものと考えたい。事実、現代の英語では、上の文の"rain"は"rains"と、直説法の現在の形をとるところから見て、文法のきまりはどうあれ、現実に、この語法が直説法の仲間入りをしていることがわかるのである。

　ところで、木枝氏の上掲書で「条件の成立したものと仮定する場合」の例は、「親が叱れば子は反抗する。」「長いと折れる。」のようなもので、英語の仮定法過去及び過去完了に当たるものではない。木枝氏は「長いと折れるでしょう。」は「未成立の条件を仮定する」例とし、「その差異を認める必要がある」と指摘している。大事な指摘

であるが、わたしは、この差異を、条件が「未成立」なのと、「成立したものと仮定する」のとの違いだけだとは思わない。現に語形の違いが「と」のつづき方には現われず、条件を受ける述語に「でしょう」のあるなしで現われているように、仮設された条件の受けとめ方の違いが問題である。接続助詞の記述である以上、条件の設け方だけを記述すればよく、条件の受けとめ方まで記述する必要はないので、文法書がこのように記述することに、異議はさしはさまない。わたしの関心事は文法でなくて文型である。想の運びの全過程である。だから、今、条件と帰結をめぐる言表の型を立てるについて、その分類の観点を、次のように設けることにする。大きく、「条件の設け方の型」と「条件の受けとめ方（帰結）の型」とに分ける。

まず、条件の設け方の型を、次のように分ける。

Ⅰ　条件の実現を予想しながら（ありうることとして）条件を仮設する

Ⅱ　条件が実現しないことを知りながら（現にないこととして）条件を仮設する

Ⅲ　実現する・しないを問題にしないで、単に基準として条件を記述する

Ⅳ　条件が実現したことを認める

Ⅴ　表現法として、仮りに条件設定の形をとる

以上の略称を次のようにする。

Ⅰ　仮定条件 ⎫
Ⅱ　想定条件 ⎬ 条件設定
Ⅲ　述定条件 ⎭
Ⅳ　確認条件
Ⅴ　見立て条件

次に、帰結の述べ方の型を次のように分ける。

A　期待に沿った方向で受けとめて
　1　推量的に述べる
　2　断定的に述べる

B　期待に反した方向で受けとめて
　1　推量的に述べる

複線展開型運び文型の代表型一覧表

結果の述べ方の型 / 条件の設け方の型		A 順方向 1 推量	A 順方向 2 断定	B 逆方向 1 推量
条件設定	I 仮定条件	―{スレ/ケレ/ナラ}バ、―ダロウ ―{シ/カッ/ダッ}タラ、―ダロウ ―{スル/イ/□/ノ}ナラ、―ダロウ	―{スレ/ケレ/ナラ/ノナラ}バ、―ダ ―{シ/カッ/ダッ/ノダッ}タラ、―ダ ―{スル/イ/□/ノ}ナラ、―ダ	―{シク/デアッ}テモ、―ダロウ ―□デモ、―ダロウ ―シタッテ、―ダロウ
	II 想定条件	―{カッ/ダッ/ノダッ}タラ、―ダロウ ―{スル/イ/ダ/ノダ}{トスレバ/トシタラ}―ダロウ ―{シ/カッ/ダッ/ノダッ}{タトスレバ/タトシタラ}―ダロウ		―{スル/イ/ダ/ノダ}トシテモ、―ダロウ ―{シ/カッ/ダッ/ノダッ}タトシテモ、―ダロウ
	III 述定条件	―{シ/カッ/ダッ}タノナラ、―ダロウ	―{スル/イ/ダ}ト、―ダ ―{スル/イ/ナ}ノデハ、―ダ	
	IV 確認条件	―{スル/イ/ダ/ノダ}カラ、―ダロウ ―{シ/カッ/ダッ}タカラ、―ダロウ ―{シ/カッ/ダッ}タノダカラ、―ダロウ	―{スル/イ/ダ}カラ、―{ダ/ダッタ} ―{シ/カッ/ダッ}タカラ、―{ダ/ダッタ} ―{スル/イ/ナ}ノデ、―{ダ/ダッタ} ―{シ/カッ/ダッ}タノデ、―ダッタ ―スルト、―シタ	
	V 見立て		―ガーナラ、―ハーダ ―ヲートスレバ、―ハーダ	

第2部 文型の記述

	C 不定方向	
2 断定	1 推量	2 断定
―{シ/ク/デアッ}テモ、―ダ ―□デモ、―ダ ―{シ/ク}タッデ、―ダ	―{シ/カッ/ダッ}タラ、 ドウダロウ ドウーシタラ、―ダロウ	
	―{スル/イ/ダ/ノダ}トシテ、 ドウダロウ ―{シ/カッ/ダッ}タトシテ、 ドウダロウ	
		ドウーシテモ、―ダ（容認を表わす語）
―{スル/イ/ダ/ノダ}{ガ/ケレド/ケレドモ}、―ダ ―{スル/イ/ナ}{ノニ/クセニ}、―ダ ―{スル/イ/デアル}ニシテハ、―ダ ―{シ/カッ/ダッ/デアッ}{タガ/タケレド/タケレドモ/タノニ/タクセニ/タニシテハ}、―{ダ/ダッタ}		―スルト ―シタラ ―シタトコロガ ―{ダ/ダッタ}
		―モアレバ、―モアル ―{スル/イ/□}カトオモエバ、―ダ

第６章　運び文型　73

2　断定的に述べる
　　C　期待方向の定まらぬ状態で
　　　1　推量的に述べる
　　　2　断定的に述べる
以上を略して、次のように称する。
　　A1　順推量
　　A2　順断定
　　B1　逆推量
　　B2　逆断定
　　C1　不定推量
　　C2　不定断定

25.1　複線展開型の基礎的な文型

　以上、二つの方面からの分類によるわく組みを作ったので、以下、各種類の代表的文型をあげて、複線展開型運び文型の見取り図としよう。表の中は、以下の約束に従って記す。
（1）動詞及び動詞型活用語の代表型を「—スル」とし、その活用に従う。
（2）形容詞及び形容詞型活用語の代表形を「—イ」とし、その活用に従う。
（3）形容動詞及び形容動詞型活用語の代表形を「—ダ」とし、その活用に従う。ただし、形容動詞の語幹は体言とともに□で表わす。
（4）断定の助動詞「ダ」は、形容動詞型活用語として、前項に含めるが、「ノダ」の形をとる時は「—ノダ」として特記する。「デス」は「ダ」に含める。
（5）帰結文の述語は、煩をさけて、品詞による区別をせず、すべて、「—ダ」をもって表わす。ただし、動詞に限るときは「スル」とする。
（6）帰結文の述語の推量判断形式は、「—ダロウ」を代表とする。
（7）帰結文の述語は、判断段階までにとどめ、表出、伝達段階までは記さない。（「雨だったら、やめよう。」「よかったら、来てく

れ。」の形には、ふれない。)
(8) すべて、述語の判断形式は、肯定の形で記すが、それは、否定をも含んでいる。(「行かなければ」「行かねば」は「スレバ」に含まれる。もっとも、活用の形から言って、「行かなければ」は「ケレバ」に含まれていると見てもいい。)

【ⅠA1　仮定条件順推量型】

○**ば—だろう**　◎読め<u>ば</u>、わかる<u>だろう</u>。見れ<u>ば</u>、わかる<u>でしょう</u>。食べれ<u>ば</u>、うまい<u>だろう</u>。来れ<u>ば</u>、おどろく<u>だろう</u>。勉強すれ<u>ば</u>、大丈夫<u>だろう</u>。早けれ<u>ば</u>、行けない<u>だろう</u>。元気なら<u>ば</u>、来る<u>でしょう</u>。　◇あした、雨がふれ<u>ば</u>、会はない<u>だろう</u>。やり方を間違えなれ<u>ば</u>、できる<u>はずだ</u>。体さえ丈夫なら<u>ば</u>、心配はない<u>と思います</u>。今なら<u>ば</u>、まだ間に合い<u>そうです</u>。　●「ば」は活用語の仮定形につく。「だろう」は推量判断の代表としてあげたので、文例には、広い意味での推量的な言い方を、出した。

○**たら—だろう**　◎読ん<u>だら</u>、わかる<u>だろう</u>。見<u>たら</u>わかる<u>でしょう</u>。食べ<u>たら</u>、うまい<u>だろう</u>。来<u>たら</u>、おどろく<u>だろう</u>。勉強し<u>たら</u>、大丈夫<u>だろう</u>。早かっ<u>たら</u>、行けない<u>だろう</u>。元気だっ<u>たら</u>、来る<u>でしょう</u>。　◇このなぞが解け<u>たら</u>、国中が救われる<u>であろう</u>。もし、大きかっ<u>たら</u>、つめてくれる<u>でしょう</u>。今度だめだっ<u>たら</u>、もう望みはない<u>でしょう</u>。　●「たら」は本来「たらば」である。「た」があるだけ、条件文の事態が強く確認されるので、その条件がすでに成立したと仮定する、すなわち想定に近くなる。それでも、動詞につく「たら」は「ば」と、ほとんど変りがないが、形容詞・形容動詞につくとき、この感が強い。

○**なら—だろう**　◎元気<u>なら</u>、来る<u>でしょう</u>。　●「なら」は「読むなら」「早いなら」のように、動詞・形容詞にもつくが、その場合帰結文はあまり推量形式をとらない。

○**ては—だろう**　◇ひとりで行っ<u>ては</u>危ない<u>でしょう</u>。あまり話が長く<u>ては</u>興がさめる<u>でしょう</u>。

○**と—だろう**　◇そこを曲がる<u>と</u>、きっと煙突が見え<u>ます</u>。心配しすぎる<u>と</u>、かえってまずい<u>でしょう</u>。　●しかし、「と」は本来、仮定のためのことばではないから、純粋な仮定の用法は多くない。

第6章　運び文型

○たら―〔意志・命令等〕 ◎書いたら、見せなさい。食べたら、出かけよう。よかったら、来ませんか。 ●意志や命令は、その行為の実現が今後に期待されるものであるから、推量と通じるものがある。

○なら―〔意志・命令等〕 ◎読むなら貸そう。読むのなら貸そう。来るなら来い。いやなら、よそう。 ●「なら」が動詞・形容詞につくと、「のなら」と同じ意味になり、客観的にその行為や事態を描くよりも「つもりなら」「気があれば」「というのなら」のように、その行為をし、その事態にある人の気持を問題にする表現になる。その結果、受けとめる文も能動的になりやすい。 ◇ご気分がわるい（の）なら、もうお帰りになったらいかがですか。それほど大事な品なら、無理にとは申しますまい。

○ば―〔意志・命令等〕 ◎長ければ、切りましょう。まければ、買おう。

【ⅠA2 仮定条件順断定型】

○ば―だ ◎読めばわかる。見ればこわい。食べればふとる。来ればおどろく。勉強すれば大丈夫だ。早ければ行けない。元気ならば来る。 ◇なあに、読めばわかるさ。そんなこと言って、見ればこわいくせに。心配しないで食べればふとるよ。こんな夜中に人がたずねて来れば、だれでもおどろく。朝があまり早ければ行けません。その時、元気ならば来ます（から、待っていてください）。 ●将来起こる事態を予想して言っているのだから理屈どおりにいけば、前項の推量型になるところを、話者の気持として、確信をもって断定的に言うものである。次の二つも同様。

○たら―だ ◎読んだらわかる。 ◇そんなことをしたら、身の破滅だ。早すぎるのだったら出なおしだ。希望者が多かったら辞退する。

○なら―だ ◎読む（の）なら貸す。安い（の）なら買う。徳用なら買う。 ◇さあ、やるなら今だ。今なら間に合います。君さえ承知なら、話はきまった。知らないなら知らないでいい。

○と―だ ◇油断するとやられる。調子がいいと、軽く60キロは出る。

【ⅠB1　仮定条件逆推量型】

○ても―だろう　◎読んでもわからないだろう。見てもつまらないでしょう。受けても落ちるだろう。来てもむだだろう。勉強してもあがるまい。遠くても見えるだろう。頑丈でも折れやすいかもしれない。　◇１日ぐらい休んでも、たいしたことはあるまい。わたしが承知しても、みんなが承知しないでしょう。今は悪くても、そのうちきっと盛り返すにちがいない。

○たって―だろう　◎読んだって、わかるまい。　●これは強い表現だから、とかく次の断定型になりやすい。

○ても、たって―〔意志・命令等〕　◇たったひとりになっても、やめはしないぞ。いくら苦しくても、やりとげよう。金がかかっても、その仕事はやりたい。雷がなっても、はなすものか。

【ⅠB2　仮定条件逆断定型】

○ても―だ　◎読んでもわからない。遠くてもがまんする。頑丈であっても折れやすい。　◇君は去っても、われわれの団結はくずれない。人生は短かくても、芸術は長い。表面は平静でも、心中は大さわぎ。

○たって―だ　◇いくらあばれたって、この家はびくともしないよ。たとい理屈は正しくたって、人情がそれを許さない。　●特に形容詞に「たって」がつくと、非常に強い表現になるので、受けることばも強くなる。

○たところで―だ　◇すこしぐらい本を読んだところで、何のたしにもなりはしない。

【ⅠC1　仮定条件不定推量型】

　条件文か帰結文かに、疑問詞がはいると、順逆の関係がなくなって、展開の方向は不定になる。ただし、これは疑問詞が純粋に疑問を表わす場合で、「いくらさがしても見えない」「争いがなくなったら、どんなにいいだろう。」のように、単に強調に使われている場は、方向は、はっきりしている。

○たら―〔疑問詞〕だろう、しょう　◇これを読み終ったら、何を読もうか。わたしが今やめたら、この仕事を、だれがやるだろう。

○〔疑問詞〕ば、たら―だろう　◇どこをさがしたら、見つかるだ

第６章　運び文型　　77

ろう。この病気は、どんな治療をすればなおるのかな。

　以上、仮定の中を5つに分けた。仮定の範囲内では、推量と断定との違いは、微妙な、言い回しや気分の違いで、表わされる内容の客観的信頼性では区別することができない。

　次は想定である。想定は、将来その事態が起こると予想して論ずるのでなく、現在のまま、全く次元の違う世界を描き、その中で論ずるものである。

【ⅡA1　想定条件順推量型】

○**たら―だろう**　◇もうすこし背が高かったら、気分がいいだろうに。もう10分早かったら、助かっただろう。海が静かだったら、きょうあたりは絶好でしょうがね。わたしだったら、そうはしないでしょう。　●単純な「ば」や「なら」でも、もちろん想定は表わせるが、少し力弱い感じである。

○**とすれば、としたら、たとすれば、たとしたら―だろう**　◇もし、絶対に死なない人間がいるとすれば、それは最も不幸な人であろう。今かりに時速100キロの汽車で太陽へ行くとしたら、約170年かかるだろう。あなたが今校長だったとすれば、このような学生をほめるでしょうか。人間世界に愛情がなかったとしたら、人間の顔は、今とはすっかり違うものになっていたでしょう。

【ⅡA2　想定条件順断定型】

○**たら、とすれば、としたら、たとすれば、たとしたら―だ**　◇今までに一度もうそを言ったことのない人がいたら、お目にかかります。AとBとが平行だとすれば、それらは交わらない。

【ⅡB1　想定条件逆推量型】

○**としても、たとしても―だろう**　◇この中にかりに間違いがあるとしても、あなたの言う点ではないだろう。あの試合に中村君が出ていたとしても、まあ勝てなかったろうね。

○**ても―だろう**　◇たとい太陽が西から昇っても、この国が絶えることはあるまい。　●そういうことが起り得ないこと、現にそうなっていないことを確信しながら、かりに一歩を譲って、非現実を現実にして論じてみるので、この語法を一般に譲歩という。

【ⅡB2　想定条件逆断定型】

○ても、としても、たとしても―だ　◇口がさけても言わない。
　前項で「譲歩」の概念によって仮定と想定を区別したが、実はこの二つの区別は、なかなかつかない。口がさけたり、太陽が西から昇ったりすることはないと考えられている、それを無理に想定するから非現実というわけだが、これは、順方向の場合の、「わたしが天皇だったら」の非現実とはすこし違う。順の場合は、天皇でないことをだれもが認めた上で、その、である・でないの論を棚上げして、頭から、であることにし、その世界の中にはいるのである。口がさける場合は、「さける」ことにきめて、その中で論ずるのでなく、さけないことをあくまで前提にし、一瞬間だけ、さける極限を想像し、そこに悲壮感を出すのであるから、結局、実現するしないを問題にする立場にあり、つまり、仮定の範囲内にいることになる。

【ⅡC1　想定条件不定推量型】

○としたら、たとしたら―〔疑問詞〕だろう　◇かりに、わたしが今度のいくさから帰らないとしたら、お前はどうするか。もし、あの時、睡魔にまけて、少しでも、とろりとしていたら、みんなの運命はどうなっていたことだろう。

○として、たとして―〔疑問詞〕だろう　◇今、東京の真中に原子爆弾が落ちたとして、被害はどこまで及ぶでしょう。あなたがこの問題をもう10年若かったとして、どう考えるでしょう。●この形は、「とする」で一度文を切り、「さて」と考えを起こす形に近い。そこでいったん文勢がおあずけになるだけ、期待に対する受けとめの方向は、いっそう不定になる。

【ⅢA1　述定条件順推量型】

　述定条件というのは、条件の設け方の中で、最もドライなものである。ある条件がそなわれば、必然ある結果が生ずることを、期待や感情を抜きにして、記述するものである。無情ではなくて非情、「草枕」のことばでいえば、非人情な叙し方である。関係のあるものの関係をそのままに認めて叙するのだから、従って、順方向の形になるのがいちばん自然である。

○ては、のでは、たのでは―だろう　◇こう寒くては、生物も育つまい。キャプテンでは、責任が重くて大変でしょう。両横綱があ

あ元気な のでは、若い力士はとても勝てそうにない。まともに弾丸を受けた のでは、いかに巨人でも参ったろう。　●「寒い」「キャプテンである」「元気である」「受けた」ことは、仮定乃至想定されているのではなく、現に事実と認められている。その、現にある条件から、一般的に導かれる結果を、当然のこととして推量している。この言い方の基礎は、一般化された因果関係の認識である。

【Ⅲ A2　述定条件順断定型】

○ては、のでは、たのでは―だ　◇こんなかっこうをしていては、人前には出られない。今からこうめんどうなのでは、わたしはやめた。君、そう怒ったのでは、話ができないよ。　●前項の推量を、いっそう強め、断定的に言ったもの。

○と―だ　◎使うと減る。弱いと負ける。早いと暗い。健康だと幸福だ。　◇春になると、氷がとけます。夜空の星を見ていると、大昔に返ったような、昔も今もないような、ふしぎな気持におそわれます。ここから見ると、むこうの島がよく見える。都会にいると、いなかがなつかしくてなりません。心が平和だと、顔つきも必らずおだやかになるものです。　●仮定の「ば」の形で、同様に述定を言い表わすことはできる。「春になれば氷がとける。」「心が正しければ剣も正しい。」のように。が、気持がいくぶん違う。「ば」には、その実現を待望したり、実現する・しないにこだわる感じがあるが、「と」のほうは、それがうすく、連動する機械のように、こうなればこうなるにきまっていると、割り切って述べている感じである。しかし、やはり、差は微妙なもので境目ははっきりしない。「ものは、ほっておけば、なるようになるものだ。それを変に工作すると、かえっていけない。」などの場合には、どちらも一般現象のことをいっているが、「と」のほうが逆に、むしろ、仮定的、「ば」のほうがかえって述定的である。だから、一概にはいえないものである。

【Ⅲ B2　述定条件逆断定型】

前項の「と―だ」型に対応するものは、逆方向には見出されない。「ては―だ」に対応するものとして、次のようなものがある。

○ても―だ　◇君がいくら無いと言っても、現にあるんだよ。あの

女は顔は美しくても、心はみにくいのだ。わたしは、見かけは丈夫そうでも、実はあまり健康ではないのです。仏の佐助といわれた男でも、これには、とうとう怒った。●「言う」「美しい」「丈夫そう」「男」、いずれも現在の事実であるから、「あした降っても」と仮定したり、「口がさけても」と想定したりするのとは違う。実質的には、「君はそう言うが」「顔は美しいけれども」「丈夫そうですが」「…男であったが」のように、確認の言い方をしてもいいところである。それをそうしないで、条件の言い方をする。このような条件の出し方を述定条件に入れたのは、後件を規制し、影響を与える条件（ただし逆方向だから、結果的には規制されなかった）の設定という見方をしたからである。

【Ⅲ C2　述定条件不定断定型】
○〔疑問詞〕ても、うと、ようと―〔容認を意味する語〕だ　◇どう書いても、かまいません。何を送ろうと、みなさんの自由です。●どう書くか、何を送るかが、それぞれある結果を生む規準条件であることが一応考えられ、然るのち、これが撤廃される形である。

【Ⅳ A1　確認条件順推量型】
○から、のだから―だろう　◇あんなにたくさんあるから、どれかに当たるだろう。よく似ているから、親子でしょう。君なら、背が高いから届くだろう。波は静かですから、心配はありますまい。かたいかべだから、とても穴はあきそうもない。あなたが言うのだから、よもやうそではなかろう。
○たから、たのだから―だろう　◇援軍が来たから、もう大丈夫だろう。雲が出て来たから、降るかもしれない。手当てが早かったから助かるでしょう。とても元気でしたから、間もなく退院するでしょう。うぐいすが来たのだから、もう冬も長くはなかろう。
○から、のだから、たから、たのだから―〔意志・命令等の語〕　◇いい子だから、お使いをしておくれ。あまり月がいいから、しばらく月見をしていこう。これはあなたの金なのだから、自由に使ったらいいでしょう。食事ができたから、食べなさい。せっかく来たのだから、ゆっくりしたらどうです。
確認条件順方向とは、ふつうに確定順接条件といわれるものである。

これの推量型を断定型と区別することは、特に意味がある。「から」と「ので」との違いをはっきりさせることができるからである。「ので」は「の」という形式体言的なもので客観化されるため主体的表現には使われない。断定の項では「から」「ので」が相並ぶが、推量・意志・命令等の主体的態度を表わす文の条件には、「ので」は使えない。

【Ⅳ A2　確認条件順断定型】

○**から、たから—だ、だった**　◇雨が降るから、生物が育つ。大勢いるから心強い。紙がいいから、書きやすかった。体が丈夫だから、徳をしました。手伝ってくれたから、早く終ったよ。でも、けがをしたのがわたしでしたから、まだ何とか申し訳が立ちます。落日は、とても美しゅうございましたから、みなみな、ものも言わずに、ただ、見とれておりました。

○**ので、たので—だ、だった**　◇大きく書いてあるので、どこからでも見える。けさは、気分がよいので、散歩をしました。ご様子がりっぱなので、王子様かと思いました。来てみたら、あなたなので、安心もし、がっかりもしました。仕事が終ったので、今片づけています。降りが強かったので、こんなにぬれてしまいました。部屋が乱雑だったので、整理しておきました。石の橋だったので、流されずにすんだ。　●「だれもいないので、帰ろうとしました。」を見て、意志の表現だと思ってはいけない。そういう心理状態をはたから叙しただけで、「帰ろう」とは違う。「帰ろう」だと、どうしても「だれもいないから、帰ろう」となる。

○**と—た**　◇少年は、旗を拾うと、すぐ交番に届けた。男は、私の姿を見ると、にげるように姿をかくした。　●やや文章語的言い方では「旗を見るなり、くってかかった」「家に帰るやいなや、犬小屋をのぞきに行った」「手に取るが早いか、投げ返した。」のようなのがある。この語法から慣用語化したものに「出て行ったかと思うと、もう帰って来た。」がある。この言い方の特徴は二つの極めて接近した行為を主として同一人について描くことである。同一人についてでなく「とびらが開くと、（すぐ）犬がとび出して来た」のように言うと、不定方向になる。この型は両述語とも動詞に限る。

【Ⅳ B1　確認条件逆推量型】
○が、けれど、けれども—だろう　◇若いがりっぱにやりとげるだろう。わたしはかまわないが、君が困るだろう。小型なら通れますが、大型は無理でしょう。今は元気ですけれども、まあ、いつまで続くでしょうか。
○が、けれど、けれども—〔意志・命令等の語〕　◇何あもりませんが、寄っていらっしゃい。自信はないけれども、やれるだけやってみよう。
【Ⅳ B2　確認条件逆断定型】
○が、けれど、けれども、だが、たけれど、たけれども—だ、だった　◇ここは、風はよく吹くが、雪はめったに降らない。あの子は頭はいいのだが、性格的に欠点がある。山は大好きだけれども、海は性に合わない。着くには着いたが、中はめちゃめちゃだった。はじめはこわかったけれど、もうなれた。
○のに、にしては、たにしては、たのに、くせに、たくせに、たわりには——だ、だった　◇ひとりだとできるのに、人が見ているとできない。あの人は体が弱いのに、無理ばかりしている。金持ちのくせに、ぼろ服をきている。知っているくせに、知らないふりをする。君にしては上できだね。千円もとったにしては、品がわるいな。十年もさがしたのに、やはり見つかりませんでした。苦労したわりには、いいものができなかった。
【Ⅳ C2　確認条件不定推量型】
○が、けれど—〔質問等の語〕　◇魚屋ですが、こんちはご用ありませんか。ちょっとおたずねしますけど、一丁目一番地はどちらでしょう。だいぶ暑くなって参りましたが、お変りありませんか。
●「が」や「けれど」のこういう使い方を、格の正しくないもののように考える人もあるが、そんなことはない。「魚屋です。」「おたずねします。」と切ると、あまり突然でもあり、開きなおったようでもあり、印象がきつくなるので、しぜん、語勢を転じ、今言ったことは、大したことではない、まだ前置きだという姿勢をとりたくなる。それで、「大したことではありませんが、ちょっと聞いてください。」というような気持から、逆方向の語が使われる習慣にな

ったものと思われる。この推測は確かではないが、ともあれ、「が」や「けれど」は、この場合逆方向ではなく、不定方向に働いている。

○と、たら、たところ、たところが—だ、だった　◇うしろを見ると、中村君がにこにこ笑っている。朝起きて見ると、空は晴れていた。会場に行ったら、まだひとりも来ていなかった。一軒一軒調べたところ、どこにもいないことがわかった。どろぼうをとらえたところが、何とそれはわが子であった。　●この語法は、不定方向という名に最もふさわしい。条件をのべた文から、次への期待は充分かかっているが、結果がどう展開するか、予想の手がかりを与えることばがない。結果は突如述べられ、緊張は解決する。条件文の述語は動詞に限られ、それも、「見る」「してみる」など、知覚関係の語が多い。また、そうでなく、「行ったら」「とらえたところが」等でも、意味は「行ってみたら」「とらえて、顔を見たところが」である。そして、帰結文の述語もすべてそのあとに、「のを見出した」「ことがわかった」をつけれみればわかる形をしている。

　I found him working at his desk.

という英文を「私は執務中の彼を見出した」と訳すと、先生にへただと怒られ、「（行ってみると）彼は執務中であった。」と訳せといわれたことを覚えている。主語が"I"でなくても

　Walking along, John noticed the purse lying on the ground.

を「ジョンが歩いていたら、財布が落ちていた。」と訳すことができる。これは参考になる事実である。

　ここで確認ということについて断っておく。確認とは、言及されたことが、客観的にすでに起ったとか起らないとかいうことには関係がない。雨がまだ降らないうちに、「雨が降るから、かさをもって行け。」と言うことができる。「降りそうだから」「降るだろうから」「降るといけないから」、どれも言える。これは、何を確認したのか。決して「降る」ことを確認したのではなく、「降りそうだ」「降るだろう」「降るといけない」と自分が判断したことを確認し、そのことから帰結文の判断を導き出したのである。だから、「降るだろうから」「降るだろうけれども」は「降るだろう。だから」「降るだろう。けれども」と言いかえることができる。ところが「降れば」「降ったら」

を「降る。そうすれば」「降る。そうしたら」と言いかえることはできない。「降れば」や「降ったら」の中には、「雨降り」という事態は描かれているが、確認された判断は含まれていないわけである。「降るとする。そうすれば」なら言えるが、これでは、「とする」の所で、もはや想定がなされている。その想定の前に成立している判断はない。

【ⅤA1　見立て条件順推量型】
○なら、とすれば——だろう　◎□がなら、□は□だろう。□を□とすれば、□は□だろう。　◇江戸が武士の<u>町</u>なら、大坂は町人の町と<u>いえよう</u>。　●まじめに条件を設定しているのではなく、考えの上の遊び、ことばのあやとして、条件帰結の形に表現したにすぎない。

【ⅤA2　見立て条件順断定型】
○なら、とすれば——だ　◇よし、そちらが<u>ライオン</u>なら、こちらはぞう<u>だ</u>。父の愛を太陽の<u>かがやき</u>とすれば、母の愛は月のやさしい光<u>である</u>。

【ⅤC2　見立て条件不定断定型】
○も、ば　◎□もあれば、□もある。□があるかと思えば、□もある。　◇泣く子もあれば、笑う子もある。正座して本を読んでいる者がいるかと思えば、冗談を言いながら碁をさしている者もいる。　●目の前にあるものは、一場の光景だけで、条件から結果へ展開するような連続関係はないのであるが、これを見る者が認知の過程として一を見出し、また他を見出すという変化を経験する。それを条件的表現にまとめた形式である。

25.2　条件帰結関係を効果的に表現する方法

以上あげてきた文例の中に、しばしば、文勢を助ける語が用いられていた。その基本的なものを、まとめておく。

【副詞で】
　帰結文が推量、意志、命令等の形をとる場合、陳述に呼応する副詞が用いられることは多いが、これは、結び文型のそれぞれの項目に譲ることにして、ここでは、条件文の、主として文頭に用いられる副詞を問題にする。

仮定条件順及び不定方向の中で用いられるもの
○もし、もしも、もしか、もしかして、万一、万が一、万が一にも
◇もしかして困ることがあったら、わたしに相談しなさい。万が一、わたしが来られなければ、代理の者を来させます。

仮定条件逆方向の中で用いられるもの
○もし、もしか、もしかして、万一、万が一、たとい、たとえ　◇もしか外がわにきずがついても、中味に影響ありません。万が一、わたしが来られなくても、代理の者を来させますから安心してください。たとい人に憎まれても、正しいことは、どこまでも主張します。

想定条件順及び不定方向の中で用いられるもの
○もし、もしも、かりに、いまかりに、せめて　◇もし、あなただったら、どうします。かりに、火星に生物がいたら、こんな形をしているだろう。せめて、もう一点取っていたら何とかなったかもしれない。

想定条件逆方向の中で用いられるもの
○かりに、たとい、たとえ、よしんば　◇たとえ火の中水の中でも、あなたのためなら飛びこみます。よしんば損をしても、これだけはやります。かりに今死んでも、悔いはない。

述定条件順方向の中で用いられるもの
○こう、そう、ああ　◇こう暑くては、仕事ができない。ああまじめに聞かれると、うっかり冗談も言えない。そうはれていては、さぞ痛いでしょう。

述定条件逆方向の中で用いられるもの
○そう　◇そうあせっても、効果はない。
○たとい　◇たとい先生のおことばでも、こればかりは聞けません。
●この例は、現に、先生がいましめたことばに対する返答としてのものである。これが「もし、わたし（先生）が『いけない』と言ったらどうする。」という、仮定の質問に対する返答だったら、述定ではなくて、仮定の例になる。

【副助詞で】
○さえ（―ば、たら、なら）　◇君さえ承知してくれれば、万事解決だ。君が承知さえしてくれれば、万事解決だ。君が承知してさえく

れば万事解決だ。玉さえ取り返して来れば、あとはいい。玉を取り返してさえ来れば、あとはいい。玉を取り返して来さえすれば、あとはいい。　●「さえ」によって、問題を一点に集中し、それだけ、条件として取り上げる度合いを強くする。仮定の場合に使われる。

○でも（ーば、たら、ようものなら）　◇散歩でもすれば、すこしは気が晴れるかもしれない。花でもかざったら、結構きれいになるでしょう。そこに雷でも鳴ろうものなら、もう生きたそらはありません。　●「でも」には二つの相反した用法がある。以上のは、「さえ」と逆に、問題点をぼかす、分散化の働きをする。「でも」の代りに、「を」「が」などがはいると、「散歩」「花」「雷」だけを志向することになり、表現にこくがなくなる。この場合、ぼかすことが、表現価値を下げないで、反対に上げている。今一つの用法は、以下に示すもので最低基準を示すことによって、やや大げさに、かさにかかった言い方をするものである。　◇ひとりでも定員をこせば、車は発車しません。ちょっとでもさわったら、承知しない。人の気配でも、しようものなら、もう奥に逃げこんでしまいます。　●「でも」が「せめて」にそうと、同じく最低基準を示すが、これは、必要を満たす最低の基準（最小必要量）であり、現実は、それにも達しない場合なので、結果的には、望みうる最高の線を出すことになる。　◇お客が、せめて十人にでもなれば、車を出してもいいのですが。　●「でも」は仮定想定、述定に使われる。

【否定語で】

◎ーなければーない　◇水は、百度にならなければ沸騰しない。金をくれなければ、ここを動かない。天気がよくなければ、旅行もおもしろくない。　●以上は、「百度になれば（なると）沸騰する」「金をくれれば動く」「天気がよければ、おもしろい」と、深い関係にあるが、イコールではない。理屈を言えば、「百度にならなければ沸騰しないが、百度になっても、沸騰するとは限らない」ということになる。しかし、それは、あくまでも理屈（あるいは、へ理屈）で、言表者の実際の気持も、受け取る方の感じも、「百度になれば沸騰する」さらにもう一歩進んで、「百度になりさえすれば、必ら

ず沸騰する」とイコールである。従って、これは、述定の順方向断定を強く言う言い方となる。

25.3　条件帰結関係を否定する言い方
【条件設定順方向の否定】
　順方向の否定は逆方向だと、簡単に考えてはならない。それを簡単に割りきるところに、思考の誤りと、伝達の行き違いが起る。
　　a．雨が降れば、かさをさす。
の条件帰結関係を否定するのに、まず
　　b．雨が降れ<u>ば</u>、かさをささ<u>ない</u>。
　　c．雨が降っ<u>ても</u>、かさをささ<u>ない</u>。
が考えられる。bは、順方向のまま帰結文の判断形式を肯定から否定に変えたもの。cは順方向を逆方向にし、かつ、帰結文の判断形式をかえたもの。この二つは、aの「反対」であって、否定ではない。否定は、話しことばでなら、
　　d．雨が降ればかさをさす……<u>ということはない</u>（∪<u>というわけではない</u>）。
と「……」で間を置いて言うことが考えられる。書きことばなら、そこを「──」などと書く。しかし、dはあまり体裁がよくない。
　　e．雨が降ればかさをさす、<u>とはかぎらない</u>。
でも、「降れば」では切れず、「さす」で小休止がほしい感じである。文が長くなって、
　　a′雨がいつまでも降っていれば、きのう買った、いいほうのかさをさす。
くらいになると、もう、eの形ではまかないきれない。そこで、以下は、逆方向をとり、
　　f．雨が降っ<u>ても</u>、かさをさす<u>とはかぎらない</u>。
　　g．雨が降っ<u>ても</u>、かさをさす<u>かどうかわからない</u>。
　　h．雨が降っ<u>ても</u>、かさをささ<u>ないことがある</u>。
　　i．雨が降っ<u>ても</u>、かさをささ<u>ないかもしれない</u>。
とする。f、gは、正しい意味で、aの反対である。h、iは、目のつけ所をすこし変えているが、やはり、aの反対として間違いない。以上

は、仮定、想定、述定のすべてに通じる形である。
　次に、仮定、想定には当たらず、述定の否定にだけ用いられるものに
　　j．雨が降る<u>からといって</u>、かさをさし<u>はしない</u>。
　　k．雨が降る<u>からといって</u>、かさをさす<u>わけではない</u>。
　　l．雨が降る<u>からといって</u>、かさをさす<u>とはかぎらない</u>。
のように、「からといって」の語法がある。また文が短かければ、述定には、d相当に「から」が使える。
　　m．雨が降るからかさをさす、<u>ということはない</u>（∪<u>というわけではない</u>）。
　　n．雨が降る<u>からかさをさす</u><u>とはかぎらない</u>。
j〜nは、文語の「<u>山高きがゆえに尊からず</u>。」の流れを引く。
【条件確認順方向の否定】
　　o．雨が降る（∪降った）<u>から</u>、かさをさした。
の否定は、
　　p．雨が降る（∪降った）<u>から</u>、かさを<u>ささなかった</u>。
　　q．雨は降る（∪降った）<u>が</u>、かさはささ<u>なかった</u>。
ではなく。
　　r．雨が降る（∪降った）<u>から</u>かさをさした、<u>ということはない</u>（∪<u>わけではない</u>）。
　　s．雨が降る（∪降った）<u>から</u>（∪<u>からといって</u>）、かさをさした<u>のではない</u>。
となる。
　ところで条件設定で否定するのと、条件確認で否定するのとでは、問題に、すこし違う点がある。条件設定のほうは、仮定、想定、述定ともに、現にある事実を叙しているのでないのが特色である。条件文にも、帰結文にも、事実の認定は含まれていない。条件と帰結との関係を抽象して言っているだけである。したがって、それの否定は、関係の存在を否定するだけである。ところが、条件確認のほうは、条件文に条件が満ちたという事実の確認を含んでおり、多くの場合、帰結文も、それにつれての事実の確認である。そのように、条件確認と帰結とに関する文は、関係の存在と、事実の存在と、二つの存在を言表

している。そのため、「否定」といったとき、関係の存在を否定することと、事実の存在を否定することが混同されがちである。事実の存在を否定するといっても、条件になる事実を否定しては言表の場がくずれるから、それは混同されないが、帰結のほうは混同されやすい。すなわち、上の文で、「かさをさした」という事実は認めるのか認めないのかということである。pとqは事実を認めていない。rとsは、事実は認め、関係を否定している。

　このような分離は、事実に関係のない、条件設定の文では見られなかった。ただ関係の否定が度を越して、反対の関係の存在を認めるところまでいっては間違いだということを言えばすむ。

　今この項では、関係の否定を言っているのであるから、条件確認についても、p、qを誤りとするのである。

条件確認でも

　t.　雲が出て来たから、雨が降るだろう。

のような順推量型を否定すれば、

　u.　雲が出て来たから（∪からといって）、雨が降るとはかぎらない（だろう）。

のように、述定条件における否定と同じ形になる。これは、帰結文に事実認定を含んでいないから、さきほどの分離問題が起らず、いやでも関係だけが否定されるからである。ところが

　v.　私が来たから帰るのでしょう。

の否定は

　w.　私が来たから帰るとはかぎらないでしょう。

とはならず、

　x.　私が来たから（∪からといって）、帰るのではないでしょう。

で、「帰る」事実を残し、関係を否定するという分離がふたたび起る。これは、「のでしょう」が「私が来たから帰る」全体をくくっているからである。すなわち、vの文は、全体として推量判断になっているが、条件帰結の関係では推量型ではなくて断定型なのである。

　y.　雨が降るだろう（∪といけない）から、かさをもって来た。

のように、条件文に推量があっても、これは否定のし方に影響を及ぼさない。「降るから」と同じことで、

z. 雨が降るだろう（∪といけない）から（∪からといって）かさをもって来たのではない。

となる。

以上、文例で述べたことを、文型として、一覧表にすれば、次のとおりである。

条件帰結関係の否定法一覧

条件設定	仮定・想定・述定	AならばBだ。 AだとBだ。	AならばBだ、ということはない。 AならばBだ、というわけではない。 AならばBだ、とはかぎらない。 Aでも、Bだとはかぎらない。 Aでも、Bかどうか、わからない。 Aでも、Bでないことがある。 Aでも、Bでないかもしれない。
	述定	AだとBだ。	AだからといってBではない。 AだからといってBであるわけではない。 AだからといってBだとはかぎらない。 AだからBだ、ということはない。 AだからBだ、というわけではない。 （AなるがゆえにBならず）
確認条件		AだからBだ。	AだからBだ、ということはない。 AだからBだ、というわけではない。 AだからBなのではない。 AだからといってBなのではない。
		Aだから、Bだろう。	AだからBだ、とはかぎらない。 AだからBだ、とはかぎるまい。 AだからといってBだとはかぎらない。 AだからといってBだとはかぎるまい。
		AだからB、なのだろう。	AだからBなのではないだろう。

第7章
結び文型

26. 表現意図とその言語化

　わたしたちは、日常の生活場面の中で、食事をしたり、電車に乗ったり、本を読んだり、いろいろなことをする。それらの個々の行為は、時間的に見れば、互いに相接し、相並び、切れ目なく次から次へと流れていくのであるが、各人の心の中では、それぞれの行為が、同列同価値に並んではいない。その人の生活目的のいかんに応じて、ある人には、食事が第一目的に連なる重要な位置を占めており、他の人には、電車内での観察が貴重な体験であり、またある人には読書が生きがいである。そのように、生き方との関係で、いろいろな行為がいろいろに位置づけられ、それぞれに違う気の入れ方で当たるように、習慣づけられたのが、その人の生活構造というものである。そういう意味で、わたしたちは、立体的構造の中で生活している。

　人が電車に乗るのは、だれもが一様に「そこを電車が走っているから」といって乗るのではない。人により、電車に乗ることの意義は違っている。幼児にとっては、電車の窓から外を見ることは、非常な歓喜であり、貴重な人生体験である。サラリーマンには、通勤の手段として以外に意味のない行為であるから、目を疲らすとも知らないで、彼らは週刊誌を読む。

　ことばの生活の中にも、また、言語生活の構造というものがある。同じ新聞を読む数人の人は、各人の生活構造及び言語生活構造の違いによって、同じものを違ったように読む。政治面を読む、経済面を読む、社会面を読む。同じ社会記事でも、興味のもち所が違う。

　わたしたちが、文字の連なりに接し、ことばの活動を始めるのは言語生活のずっと内側にあることで、そのまわりを、何を、どういう態度で読むかをきめさせる働きをするものが取り巻いている。図にすれば、下のようになる。個人の言語生活の構造がこのようであるから、

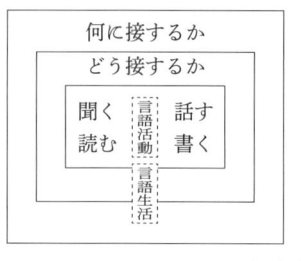

```
┌─────────────────────────┐
│    何に接するか          │
│  ┌───────────────────┐  │
│  │  どう接するか      │  │
│  │ ┌──┬─┬──┐ 言      │  │
│  │ │聞く│言│話す│ 語     │  │
│  │ │読む│語│書く│ 活     │  │
│  │ │  │活│  │ 動 言   │  │
│  │ │  │動│  │ ・ 語   │  │
│  │ └──┴─┴──┘   生   │  │
│  │              活    │  │
│  └───────────────────┘  │
└─────────────────────────┘
```

社会の言語生活習慣も、個人のこの構造がよく順応できるように、だれが何を選んだらよいか、すぐわかるよう構成されている。本には標題がつけてあり、標題を見ただけで、大体何の本かわかる。中をあけれは、目次があって全体が見渡せるようになっている、はしがきやあとがきを読むと、その本の性格がいっそうわかる。新聞は、ページで内容が分けてあり、記事には、いちいち中を読まなくていいように、大きな見出しがつけてある。個人の言語生活構造のいちばん外側の輪で処理すべきものが、社会的な言語材でも、いちばん外側に配置されている。

　かりに、国語教育の、「読むこと」に限って、この構造を調べると、すでに目の前に持って来られた文章を読んで、そこにもられているものを余す所なく汲みとろうとする働きが「読解」である。読解に至る前（また、あと）に、なぜその文章を読むか、読むに当っては、どういう態度で読むか、それを、生活目的から割り出して、きめさせる働きがある。それが「読書」である。読解技能と読書技能の差がそこにあり、実生活では、読書技能がまず働き、次に読解技能が働くのである。これは一つの例で、読書と読解を云々するのがここの目的ではない。

　さて、言語生活と言語活動との関係は以上のとおりだが、今度は言語活動に限定して観察すると、これがまた、同じような構造をもっている。すなわち、語られることがら（立場を変えれば、聞き取られることがら）をもっとも中核にして、それがどう語られるか（語られ方）が、音調、身ぶり、表情等の形で、これを取り囲んでいる。これをかりに態度と呼ぼう。さらに、だれにむかって、どういう位置で言うか、例えば、部屋の外から大声で言うか、そばへ来て耳うちするか、また、顔を合わせないで電話で言うか、そういう位相が、また態度の外側を取り囲む。だから、発話者が発話するまでに考えをめぐらした順序がどうであろうとも、発話行為の順序は、必ず、位相、態度、言語の順序で実現されていく。そして、言語が消えてからも、態度は残り、位相は残る。この中で、文字に記しとめられるのは、言語だけ

である。それで、言語学は言語だけを研究してきたのである。

　今度は言語の構造である。さきに言表の構造を、34ページに図示したが、わたしが本当に仮説としていだいている考えは、結びの4段階を結びだけのことでなく、1文全体を、おおう構造と見たいのである。これは元来、時枝氏の入子型構造によって啓発させたものを、極めて冒険的・大胆に、模型化してみたものである。すなわち、描叙を、言語の最奥の中核とし、判断、表出、伝達を、次第に大きく取り囲む働きと見るのである。今、全く説明のために作った例によってこれを説明しよう。ここに、

　「もしもし、お願いがあるんですが、実は、あのー、何とかひとつ、
　　その品物を譲っていただくことはできないものでしょうか。」
ということばがあるとするとする。これを、図式にしてみる。

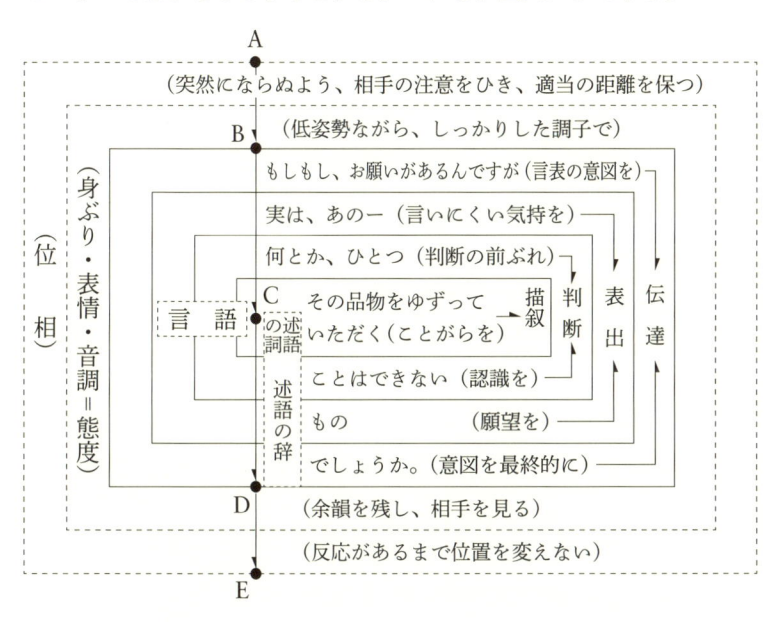

```
                    A
                    ●
        (突然にならぬよう、相手の注意をひき、適当の距離を保つ)
                    B
                    ●
            (低姿勢ながら、しっかりした調子で)

    もしもし、お願いがあるんですが（言表の意図を）
    実は、あのー（言いにくい気持を）
    何とか、ひとつ（判断の前ぶれ）
       C
    ┌──┐  その品物をゆずって    描叙 → 判断 表出 伝達
    │言語│  いただく（ことがらを）
    └──┘の述詞語
    述語の辞  ことはできない（認識を）
             もの　　　　（願望を）
             でしょうか。（意図を最終的に）
                    D
                    ●
            (余韻を残し、相手を見る)
            (反応があるまで位置を変えない)
                    E
                    ●

（身ぶり・表情・音調＝態度）
（位相）
```

　わく組みが言語活動（この場合、言表行為）の構造であり、A→Eの線分が、時間軸に沿った、実際の言語活動のあらわれである。その中でB→Dの部分が発話された言語である。さらに、これを文型に当てはめると、Bの点で働く、社会習慣としての言語の型が、「起こし文型」、B→D全区間に働く型が「運び文型」、C→D間に働く型が、「結び文型」である。

人に1回の言表行為をなさせた、ある力、それを表現意図とする。表現意図は、言表の全区間を支配するものであるが、特にそれがはっきりした形にあらわれるのは、述語の辞の部分、段階でいえば、判断段階以後であり、中でも、表出と伝達の段階である。結び文型とは、表現意図が、はっきりした形に表われるための文型をいうので、描叙段階なるものは、多少問題になるが、語形としては、述語の詞と辞とは固く結合しているので、切り離さず、描叙の段階以後を結びとした。

第1節 描叙段階の表現型

27. 体言による描叙

前段の例でわかるように、描叙とは、表現意図でくるまれる、表現内容を言語化する働きのことである。だから、前段の例でいえば「その品物を譲っていただく」、もっとつきつめれば「品物を譲る」が描叙されたことがらであり、描叙したことばである。描叙とは、本来からいえば、述語だけに適用する概念ではないが、ここでは、描叙がまさに完成し、意図の表現と結びつく働きから特に注目することにする。それで、述語の描叙からを、結びとして一括したわけである。

述語としてその文の描叙を完成させる働きを、語の形から見ていく。

【一語文、一語文的な文の述語として】

運び文型の中で、一語文及び、一語文的な文を見たとき、そこでは体言が大きな役割を果していた。体言1個の一語文及び、体言を中心とする一語文的な文は、当然なことながら、その述語が体言である。両者をあわせて、体言が述語になるなり方は、次の二つのどちらかである。

（1）**体言だけで終るもの**
（2）**体言に助動詞や終助詞がついたもの**

（1）については、言うことがない。（2）は、「あなたです。」「あなたらしいですよ。」「あなたか！」「あなたね。」などのように、判断・表出・伝達のための辞のついたものが本来で、変種として、「あなたが？」「あなたに!?」「あなだだって！」などのように、格助詞や副助詞のついたものがある。これは元来、述語ではないものが、述語の省略によって、自身が述語の立場に立たざるをえなくなったものであ

るから、正しくはこれらの体言が述語の描叙段階の役割りを果しているとはいえない。

【二点結合型の文の述語として】

体言が述語になるのは、

◎ AはBだ。AがBだ。

におけるBの場合が最も多く、最も重要である。そして、論理的な意味からは、A、Bが主述関係である場合が特に重要なのであるが、日常の言語生活では、「その点 は、やはり横綱 ですね。」のように明らかに主述関係でないものから、「うしろ は ガケ だ。」のように、どうともとれるものまで、いろいろの言い方をしている。AとBの関係など、ややこしく考えないで、簡単に結びつけるのがふつうである。次に「だ」の類をつけないで、

◎ AはB。AがB。　◇オレのもの は オレのもの。女 は 愛敬、男 は 度胸。六割 は 子供。四割 が おとな。

のように使われる。これは、話しことばでは少なく、ことわざや歌の文句など、伝承されたことばや、書きことば、特に新聞の見出しなどには圧倒的に多い。

前にもふれた、「ぬかに釘」「二階から目薬」のような、形も内容も主述形式でない二点結合型のBは、その省略性が明らかであるから、述語と見ることはできない。（64ページ参照）

28. 用言による描叙

用言は、述語となるに最もふさわしい語である。用言は活用し、語尾の変化によって、みずから判断段階以下の働きをしたり（→終止形による終止、連用形による中止、命令形による命令）判断段階以下の働きをする諸語に接続したり（→未然形から「ない」「う」等へ、連用形から「た」「ます」等へ、のように）する。語尾は、かなで書けば、例えば、動詞「行く」では、

行か 行き 行く 行け 行こ

のように、音節でしかとらえられないが、ローマ字で書けば、

Yuka Yuki Yuku Yuke Yuko

のように、ことばを単音に分解した1音素としてとらえられる。そ

れで、言語学者は、この場合の「Yuk」をもって意義素とし、「a」「i」「u」「e」「o」を形態素とする。

　本書で、述語の中の描叙段階とは、厳密には、用言の場合は意義素までをさすのである。しかし、以下の記述で、描叙の働きをしている1語を引用する場合、例えば「行く」を「Yuk」と書くようなことは、はなはだ現実的でないから、それは、しないで、その語を1語として取り出したとき普通に代表形として用いられる終止形（例えば「行く」）をもって引用するであろう。

29. 態の加わった用言による描叙

　「態」という名称は、本書自体の用語としては、ここで初めて用いたが、さきに、国立国語研究所の「話しことばの文型（1）」を紹介し、その表現意図による文の分類を引用した際に「態の表現」という1類があった（30ページ）。わたしがここで態というのも、大体同じものをさす（というより、わたしが、そこから考え方と名称を借用した）ので、その定義は、研究所の本から引用する。

> 態というのは、用言によってあらわされる概念の分化を示す表現であって、いわゆる助動詞の複語尾性よりは、一層用言の語尾的性格の強い形式によってあらわされる。したがって、複合語としての用言に加えられてもよいものがあり、教科文法では、補助的な形式用言とすることが多い。（「話しことばの文型（1）」93ページ）

つまり、主に補助用言による表現を態というのである。ただし、わたしは、「態」という呼び名に格別意味があるとは思わない。由来はおそらく、英文法で、動詞の用法上の分類の一つに"Voice"があり、"Active Voice"と"Passive Voice"とに分けるのを「能動態」「受動態」と訳すことから、Voiceの概念と訳名を転用したものであろう。

　以下、態と認める表現の代表的なものをあげる。

【補助動詞】

　もともと独立した1個の動詞であった「あげる」（ほうびをあげます。）、「もらう」（本をもらった。）等の語が、「助けてあげよう」「手伝ってもらった」のように使われると、もはや、現物の授受というも

との意味を失って、比喩的、形式的な用法になっている。こういうのを補助動詞という。補助動詞には、次のようなものがある。

1) 待遇関係の表現 ある行為を当事者の相互関係から授受及び、上向下向、の関係に見立てて表現するものである。今、わかりいいように、待遇関係の補助動詞を、補助動詞になる前のもとの意味のままで、客観的な行為と、それを客観的に写すことばと、主観的すなわち待遇関係化して叙することばと、この3者を比較してみよう。

まず、客観的に、AB 2者を設定し、その間に起る、ある物の所有権の移動は、これを、そのまま「所有権の移動」といわなければならぬ。くだいて言おうとすれば、「やりとり」「授受」のように相互の立場からのことばを重ねて言わなければならない。

次に、同じく客観的ながら、1者 A に視点を定めて表現すると、

　　A → B　与える、授ける、渡す、譲る
　　A ← B　受ける、授かる、得る

等のことばが考えられる。

次に客観的表現から主観的・主体的表現に移り、A を主体とすれば、B は客体となる。「主体」「客体」をくだいて「自」「他」と言いかえる。この場合には、視線の方向が自→他と定まる。その中で、2種類の客観的行為、自→他と他→自

視線の方向	行為の方向
自→他	自→他 ①
	自←他 ②

をことばに写すとどうなるか。下表で、①は視線の方向と行為の方向とが合っているから、結果は一つ、「授ける」行為としてしか描けないが、②は両方向が相反するので、さらに二つの見方が生れる。一つは、始めから自に注目して「受ける」行為として描くこと、今一つは、一応他に注目し、自の立場から、他の「授ける」行為を描くことである。前者は他の行為を自の行為に言いかえ、後者はそのまま叙すといってもよかろう。その場合自他の間に上下関係があるので、それを考慮し、次のように整理する。「視線の方向」を立場と言いかえる。

立場	行為の方向	描き方	ことば	
			対上者	対下者
自己	自→他	授ける行為	あげる	やる
	自←他	受ける行為	いただく	もらう
		授ける行為	くださる	くれる

　このように、自他の相関行為を、自己の立場から叙するところに、待遇表現の特色がある。これらが補助動詞となり、いろいろな動詞につくとき、次のような形をとる。以下「系」というのは、語の発生系統の意味ではなく、結果的に同系統の意味に属するということである。動詞の代表を「スル」とする。

○**あげる系**　◎シてあげる、シてさしあげる、お―シする、お―シてさしあげる　◇さがしてあげます。なおしてさしあげる。今お見せします。お取りしてさしあげなさい。　●「お―シする」には、もともとは「あげる」までの意味はないが、多くの場合、結局は「あげる」意味になる。

○**やる系**　◎シてやる、シてつかわす　◇ゆるしてやろう。勘弁してつかわす。

○**いただく系**　◎シていただく、お―シいただく、ご―いただく　◇送っていただいた品。お読みいただきましたか。ご承認いただいて安心しました。

○**もらう系**　◎シてもらう　◇もう帰ってもらう。

○**くださる系**　◎シてくださる、おシくださる、ご―くださる　◇教えてくださいました。陛下がお泊りくださった宿。ご採用くだされ ばありがたい。　●これらの命令形「てください」は、要求・依頼をていねいに言うことば、すなわち伝達段階の文型にはいるので、ここからは除く。

○**くれる系**　◎シてくれる　◇やっと売ってくれた。　●この命令形「シてくれ」も要求・依頼のための文型になる。また、「シてくれる」は、自分の行為につけて、「さあ、やっつけてくれよう。」のように使うことがあるが、これは、わざと正規でない表現をして効果を出そうとする場合であるから無視していい。本動詞でも「こんな

もの、くれてやるよ」などと言うのと同じある。

　表の中で、「対上者」「対下者」と分けたのは便宜的なもので、下位者に対しても、好意的またはていねいに言えば、上位者に対するのと同じになる。ただし上位者に対して、対下者のことばが使われることはない。また、「自」も便宜的で、必らずしも、話者自身をさすのではない。

　以上は、行為の授受関係を中心に見た待遇関係の表現であるが、単に上下関係から用いられる敬語も、待遇関係を表わすものである。敬語は一般の文法書に充分説かれているから略す。

2）状態・程度の表現　継続とか完了とかいわれるものをはじめ、いくつかあげてみる。

○いる　◎シている　●「今書いている。」は現在進行中のこと。「ちょうど来ている。」は結果が現在まで続いていること。「知っている」「肥えている」「やせている」「だまっている」等、行為よりも状態を表わす動詞につくと、合体して一つの形容詞に近いものになる。

○おる　◎シておる　●「いる」の代りに「おる」を使う地方もあるが、標準語としては、「おる」がつくと、その行為の主体をすこし落しめることになるので、相手につけて（「お前、知っておるか」）は尊大な言い方になり、自己につければ（「はい、知っております。」）、へり下る言い方（謙語）になる。謙語としては、「ます」と合体する。「あなたは知っておりますか。」は敬語の使い誤まりである。

○ある　◎シてある　◇ここに書いてある。もう通知してあります。はい、読んであります。　●ある目的のために、ある行為がもうすんでいるという、作意や用意と関係が深いので、自動詞には、あまりつかない。

○しまう　◎シてしまう　◇もう読んでしまった。殺してしまえ。●行為が完了すること。徹底的にやること。結局強くいうことになる。

○きる　◎シきる　◇とても食べきれない。よく泳ぎきれたね。●「しまう」と似ているが、可能の意味が加わる。ある方言では「で

きない」を「よう、しきらん」という。「一時間ではやりきれない」と「こう暑くてはやりきれない。」の区別。後者は一語化している。

○おく　◎シておく　◇予習しておきなさい。　●「してお い」たことを上から見ると、「してある」ことになる。

○みる　◎シてみる　◇試しにやってみよう。

○いく、ゆく　◎シてい（∪ゆ）く　◇順々に調べていった。どんどんふえていく。みるみる色がうすくなっていく。

○くる　◎シてくる　◇こう見てくると、…。だいぶ寒くなってきた。　●前項と対になる。「病人がこの調子でふえていったらたいへんだ。」「こう病人がふえてきては、何とかしなければならぬ」の比較。観察点の相違。

○かける　◎シかける　◇行きかけて、もどってきた。

【補助形容詞】

○よい、いい　◎シよ（∪い）い　◇はきよい靴。　●「シてよい」は判断段階の語として別に扱った。（109ページ参照）

○やすい　◎シやすい　◇はきやすい靴。

○にくい　◎シにくい　◇はきにくい靴。

○かたい　◎シがたい　◇得がたい宝物。

以上は接尾語と見てもよい。

【接尾語】

○れる、られる　◎サれる、セられる　◇心を打たれた。そう言われても困る。そこここに見られる。ここにおられましたか。　●受身、可能、尊敬を表わす。可能は描叙でなく、判断だが、「れる」の可能は、むしろ「可能な状態において在る」ことを示す。

○せる、させる　◎サせる、セさせる　◇ひとりで行かせる。馬に食べさせるえさ。

○そう　◎シそう　◇今にも降りそうな空。その色では、味がからそうだ。　●この語を「そうだ」で一助動詞と見るかどうかは文法家によって説が分れる。ここでは時枝氏に従って、「そう」で接尾語とする。ただし、わたしは、同じく様態と言われる「そう」にも、二つの面があるように思う。「これくらい、できそうなものだが」などには、主体的な推測が表わされているようだ。区別ははっきり

しない。
○らしい　◎体らしい　◇春らしくなってきた。実に君らしいね。
●推量の助動詞「らしい」(「まだいるらしいよ。」)と区別される。態を、用言の意味分化と限定して、体言につくものを入れたのは矛盾するようだが、文法体系にはこだわらない。

第2節　判断段階の表現型

30．肯定判断

　判断形式の中で、最も根本的なのは、肯定と否定である。あらゆる判断は、結局、肯定、否定のどちらかに分れる。判断形式として、他に、可能、過去認定、推量、疑問をあげたが、それらは、いずれも、肯定・否定（以下、肯否定という）と肩を並べるものではなく、肯否定の上に乗るものである。もともと各判断形式は、みな相互に重なり合うことができるが、肯否定を除いた四つは、重なってもいいし、重ならなくてもいいものである。肯否定は、すべてに存在するから、例えば可能判断があるということは、それが肯定と重なって、可能の肯定（それを単に「可能」という）か、可能の否定（不可能という）かになってあるということである。

　しかし、もともと、肯定という概念は、あまりはっきりしたものではない。はっきりしているのは否定で、肯定は、否定がなければ肯定だという消極的な形で、存するのである。質問や要求に反応する形では、「はい」「いいえ」という、明らかな対応があるが、自分から表現することばとしては、「ない」が否定のためのことばとしてあるようには、肯定のためのことばは存在しない。否定語がなければ肯定だという以外にはないのである。

30.1　単純な形の肯定判断

【活用語の終止形による言い切り】

　否定の助動詞以外は、活用のある語は、すべて、その語の終止形で文が終れば、それが文を肯定判断の文にしている。その場合、第27段で述べたように、肯定判断の働きをしているのは、「行く」でいえば語尾「く」ではなくて、形態素 u である。しかし、以下では単に

語尾としてふつうの文法的見方に従うことにする。
【特に断定といわれるもの】
○だ、です、である、であります、のだ、のです、のである、のであります。

　これらはみな活用語であるから、前の項に含まれるのであるが、特にこれらの語は、断定、指定、または措定（佐久間鼎氏）と呼ばれる働きをするので、特に取り出した。

　　　彼女は今、戸のそとに立っている。
　　　彼女は今、戸のそとに立っているのだ。
の二つを比べると、後者は強く、そのことを認識し、主張している。
【無活用語の文末提示】
　体言の述語で描叙された文が、助動詞や助詞をつけずにそこで終れば、それは肯定判断の文になる。（もちろん、質問の音調をとっていれば別。）
◇一番右にいるのがわたし。山のむこうにまた山。これでおしまい。
活用語の性格をもったものが活用しないで終る場合も同様である。
◇ええ、とても元気。おや、じょうず。式は無事に終了。

30.2　いろいろな形の肯定的判断
【一般化、間接化、あいまい化等の加わったもの】
　わたしたちの見聞する範囲というものは、だれでもたかが知れたものである。そこから得た知識でものを言うのであるから、よく考えると、断定的に言えることはあまり多くない。そこで、自分のことばの真実性や妥当性を高めるために、いろいろな言い方が工夫される。それらは大事を取った、間違いのない言い方なのであるが、結果からいうと、責任を他に転ずる、あいまいな、ずるい言い方にもなるのである。

　以下、文型の示し方は、複線展開型運び文型の一覧表（74ページ）と同じ形式で、動詞、形容詞、形容動詞の語尾を「スル」「イ」「ダ」で表わす。｛　｝の中に、その順序で記す。―は語幹、×はつづかないこと。呼応する副詞がある場合は〈　〉の中に示すが、必ず副詞がそう場合には〈　〉を使わない。

○もの　◎〈よく、とかく〉－{スル、イ、ナ} ものだ　◇世の中はそういうものですよ。慣れないうちは、とかく不安なものだ。●一般的現象。
○ことがある　◎〈よく、ときどき、ときに〉－{スル、イ、ナ} ことがある　◇この通りで、よく会うことがある。疲れている時には、何をするのもめんどうなことがある。●「その本なら読んだことがある。」という、過去の経験を表わす言い方は、これとは違う。ここのは、百パーセントの肯定になることをさけて、蓋然的な言い方になったもの。
○ことがおおい　◎－{スル、イ、ナ} ことがおおい、ことがすくなくない　◇とかく病気は気のせいであることが多い。
○よく　◎よく－スル　◇夕立のあとには、よくにじが出る。
○はず　◎－{スル、イ、ナ} はずだ　◇だれも残っていないはずです。いなかで育てば、体も丈夫なはずです。●確認できないことを、他の条件から推定し、言う場合と、確認したことの条件をあげてその必然性を強調する場合とがある。
○わけ　◎－{スル、イ、ナ} わけだ　◇これだけ準備したんだから、成功するわけなんだがね。そっとやったから、あなたは知らないわけです。●「はず」と大体同じ。
○ことになっている　◎－{スル、イ、ナ} ことになっている　◇5時で終ることになっています。夏は暑いことになっている。
○いう　◎－{スル、イ、ダ} という、ということだ。◇北極では、ものがくさらないという。1等の商品は自動車だということだ。
○そう　◎－{スル、イ、ダ} そうだ　◇字引きにも間違いはあるそうだ。●「という（ことだ）」、「そうだ」ともに伝聞による判断。
○いえる　◎－{スル、イ、ダ} といえる、ということができる、といってさしつかえない、といってよい、というほかはない、といわなければならない等　◇現代はマス・コミ時代だといってよい。
○いわれる　◎－{スル、イ、ダ} といわれる、といわれている、と称される　◇日本は東洋のスイスだといわれる。
○よう　◎－{スル、イ、ナ} ようだ　◇弱い犬ほどほえるようだ。こちらの道のほうが近いようだ。●「雪のように白い」という、

第7章　結び文型　105

比況の「よう」はこれと違う。

○**らしい** ◎―{スル、イ、―} らしい ◇これには何かわけがあるらしい。体の調子もだいぶよいらしかった。これが人情というものらしい。

○**ちがいない** ◎―{スル、イ、―} ちがいない、に相違ない ◇今夜は来るにちがいない。この辺は深いにちがいない。

○**かもしれない** ◎―{スル、イ、―} かもしれない ◇まだあるかもしれない。もうないかもしれない。君にはすこしぜいたくかもしれない。次はわたしかもしれぬ。

○**きがする、かんじがする** ◎―{スル、イ、ナ} ようなきがする、ようなかんじがする ◇どこかで会ったようなきがする。こちらのほうが重いようなかんじがします。 ●何も証拠なしに、自分の感じだけでいう。

○**ほう** ◎―{スル、イ、ナ} ほうだ ◇これなら、よくできているほうだよ。まあ、いいほうだろう。わたしは相当短気なほうです。

以上、あることがらを肯定的に言いたいが、きっぱり言えない時に用いられる言い方の代表的なものをあげた。概していえば、客観化の傾向と主観化の傾向とがある。世の中の事象を広く見て、何割ぐらいの確率でそれがいえるかというような見方から言うのと、他は顧みず、自分の直感に頼って言うのとで、その間に、いろいろ度合の違いがある。

【強く主張するもの】

―副詞の力をかりて―

◎**かならず、全く、完全に** ◇人間は必ず死ぬ。あなたは全く正しい。勝利は完全にわれわれのものだ。 ●言及内容が真実である程度を強調することば。

◎**もちろん、いうまでもなく** ◇もちろん、君は正しい。 ●言い方の上から、真実さを感じさせようとすることば。

◎**何といっても** ◇信頼できるのは、何といっても中村君だ。 ●前項と同じだが、「もちろん」はやや論理性に訴えるのに対して、これは、心理的に同調をねらう感がある。

―否定語を媒介にして―

○しかたがない　◎―{シ、ク、―} てしかたがない、てしようがない　◇腹が立ってしかたがない。あの子はうるさくてしようがない。どうも退屈でしようがない。
○たまらない　◎―{シ、ク、―} てたまらない　◇金がかかってたまらない。聞いていて、おかしくてたまらなかった。全く痛快でたまらんよ。
○ならない　◎―{シ、ク、―} てならない　◇何か忘れているような気がしてなりません。あなたに会えると思うと、うれしくてなりませんでした。その点が気がかりでならないのです。
この三つは、自分の気持ちを極度に強調する場合の語法であるから、客観的な意味の語には、つかない。
―比較と否定によって―
○ほど―ない　◎体ほど、くらい、のように、みたいに、より―{スル、イ、ナ} ものはない、ことはない　◇お前ほど歩みののろい者はない。あの時くらい困ったことはない。あんたみたいに世話のやける子は、見たことがないよ。

【評価の加わった肯定判断】
　これは、もっぱら、補助形容詞「よい」の働きである。
○てよい　◎―{シ、ク、―} てよい、ていい、てもよい。◇もう始めてよいですね。見に来てよかった。もうすこし短かくてもいいでしょう。服装は平常通りでいいとのこと。　●「よし、帰っていい。」というのは、伝達段階の許可の言い方である。しかし、その中には、伝達以前の、判断としての評価肯定判断が含まっていること、いうまでもない。「よい」が「よろしい」「結構です」など、ていねいな語になると、いよいよ伝達性がこくなる。
○とよい　◎―{スル、イ、ダ} とよい、といい　◇たまには、ひとりでやってみるとよいのだ。もうすこし、脊が高いといい。先生がご在宅だとよいと思う。　●これは、すぐ表出段階の期待・願望の表現に移る。その境目はない。
○ばよい　◎―{スレ、ケレ、ナラ} ばよい、ばいい　◇君はだまっていればいいのだ。かえって、宝物が無ければよかったかもしれない。この程度丈夫ならばよい（丈夫であればよい）。

第7章　結び文型　107

○たらよい　◎―{シ、カッ、ダッ}たらよい、たらいい　◇もう一度見て来たらいいではないか。君ぐらい強かったらいい。体さえ無事だったらいい。　●「ばよい」「たらよい」は表出段階の希求表現になる。

○ほうがよい　◎―{スル、イ、ナ}ほうがよい、ほうがいい；―{シ、××}たほうがよい、たほうがいい　◇ここにいるほうがよさそうだ。壁の色は明るいほうがいい。まわりは静かなほうがいいだろう。わるいことはやめたほうがいい。　●伝達段階のすすめ表現になりやすい。

○なら―でよい　◎―{スル、イ、―}なら―{スル、イ、―}でよい、でいい　◇あるならあるでよいし、ないならないでよい。いやならいやでいい。　●一応そのことを評価肯定するが、実はそれは問題でなく、他に重要な問題があることを暗示する語法。これも単に判断でなく、伝達性を多分に帯びている。「―したければ―するがよい」は、いっそう強い言い方で、ほとんど脅迫に類する。

「よい」の系統でないものでは、

○ものだ　◎―{スル、×、×}ものだ　◇年よりの言うことは聞いておくものだ。人の勉強のじゃまはしないものです。　●一般化肯定の「ものだ」(106ページ)と違うことに注意。

○ことだ　◎―{スル、×、×}ことだ　◇今のうちに金をためておくことだ。よけいなおせっかいは、しないことだな。　●「ものだ」「ことだ」、ともに、すすめに移りやすい。

○にかぎる　◎―{スル、イ、ナ}にかぎる。◇山は歩いて登るにかぎる。部屋は明るいにかぎる。夏は水泳にかぎる。

31. 否定判断

否定とは、もともとは概念的なものではなく、受けつけない態度そのものであった。ある刺激に対して、これを避けたり、首を横にふったり、尾を警戒的に振ったり、人間でなくてもできる行為そのものであった。それが、やがて「否認」として認識され、否定する言語型が生まれたものであろう。だから、応答のことばでは、文末で肯否定するに先立ち、文頭でまず肯否定の語から発話するのがふつうである。

英会話などことにそうである。

31.1　単純な形の否定判断

○ない　◎－{シ、ク、デ} ない　◇行かない。その服は着ない。食べない。まだ来ない。悪いことはしなかった。基礎が固くなければ、安全でない。平家でない者は人ではない。　●最後の例のように、「だ」につくときは、「は」がはいって、「ではない」となるほうが、むしろふつうである。「―クはない」の形も珍しくはない。　●動詞「ある」を否定するときは、「あらない」とは言わないで、単に「ない」と言う。この「ない」は、もちろん形容詞である。　●「行かない」に「は」を加えるときは、「行かはない」とはしないで、「行きはしない」と形式動詞「する」の力をかりる。その形でなら、「ある」にも、「ありはしない」とつく。　●「―デはない」はふつうの形だが「シはしない」は強勢された形だから、次の段で再説する。

○ぬ、ん　◎－{セ、×、×} ぬ、ん　◇若乃花の優勝は動かぬところ。まだ見ぬ人にあこがれる。君の干渉は受けぬ。また台風が来ねばいいが。そんなバカなまねはせんよ。何も言わずに受け取れ。

○ません　◎－{シ、×、×} ません　◇知りません。見ませんでした。食べません。まだ来ません。

○ありません　◎－{×、ク、デ（ハ）} ありません　◇それはよくありませんね。あまり、丈夫ではありません。

31.2　いろいろな形の否定的判断

【あいまい化】

　肯定判断に、一般化・間接化など、いろいろな力が加わって、結局あいまいな表現ができたように、否定でも似たことがある。ただし、否定の場合は、主として、否定の度を弱めるという形であらわれる。ところが、ことばはおかしなもので、「気味がわるい」より「うす気味がわるうい」のほうが気味がわるく感じられるように、陰性な意味のことばは、とかく弱めたほうが心理的効果があがるので、否定判断

も、あまりきっぱり否定しないほうが、かえって否定的気分があらわれることが多い。

―副詞の力をかりて―

○**あまり**　◎あまり―{シ、ク、デ}ない　◇あまりたくさん食べないほうが体にいい。その点、あまり明らかでありません。●なまって「あんまり」となる。

○**そう**　◎そう、それほど、そんなに―{シ、ク、デ}ない　◇そうほめられない話だ。千円なら、それほど高くないでしょう。そんなに棄てたものでもない。●「そ」に現に指示するものがあって、「そう威張るな。」というときは、この、あいまい化とは違う。

○**ほとんど**　◎ほとんど、めったに、まず―{シ、ク、デ}ない　◇ここでは、犯罪事件がほとんど起らない。アユはめったに釣れない。これなら、まず悪くないでしょう。そういうことは、まずないね。●「めったに」は「めった打ち」などというように、元来は否定に沿うための語ではなく、「非常におびただしく」の意味である。つまり、ことがらの行なわれる回数をいうものだから、動詞と関係が深く、「ない」以外の一般の形容詞とは縁がうすい。「このラジオは、めったに調子がよくない。」など、すこし苦しい。それよりは「めったに調子がいいことがない。」という。

○**ろくに**　◎ろくに、ろくろく―{シ、×、×}ない　◇この鳥は、ろくにえさを食べない。ろくろく話も聞かないで、行ってしまった。●「ろくに聞きもしない」の形になることも多い。「ろくすっぽ」となまる。

○**なかなか**　◎なかなか―{シ、×、×}ない　◇あの家、なかなか売れないね。●時間的な表現で、心待ちしていることが、なかなか起らない場合に使う。したがって、動詞だけにそう。動詞でも、時間的でないものにはそわない。(「なかなか知らない」は変)。この語は、1語で述語になる。「まだなかなかです。」

○**あながち、かならずしも**　◎あながち、必らずしも―{シ、ク、デ}ない　◇あながち反対しません（反対ではありません）。この店、安いと聞いて来たけど、あながち安くないね。必らずしも誤りだとはいえない。

―文末の言い方で―

○**かぎらない** ◎―{スル、イ、ダ}とはかぎらない、とかぎったことではない ◇毎日会うとはかぎらない。おとなが子どもより賢いとはかぎらない。安全地帯にいても、安全だとはかぎらない。

○**わけではない** ◎―{スル、イ、ナ}わけではない；―{スル、イ、ダ}というわけではない ◇忘れているわけではありません。格別背が高いわけではない。わたしだって、そうだめなわけでもない。あながち失敗だというわけではない。

○**いえない** ◎―{スル、イ、ダ}とはいえない ◇新聞が常に真実を伝えているとはいえない。金持ちが幸福だとはいえない。

○**ほうではない** ◎―{スル、イ、ナ}ほうではない ◇体もあまり強いほうではないし、……。成績は優秀なほうではなかった。

○**そうもない** ◎―{シ、×、×}そうもない、そうにない、そうにもない ◇まだ終りそうもない。この辺では見つかりそうにない。 ●形容詞、形容動詞に「そう」のついたものを否定すれば「うまそうでない」「丈夫そうではない」となる。

【強く否定するもの】

―副詞の力をかりて―

◎**けっして、絶対に** ◇この恩は決して忘れません。わたしは絶対に間違っていない。

◎**すこしも、いっこう、まったく、ぜんぜん、さっぱり** ◇すこしも知らなかった。いっこうおもしろくない。全く覚えていません。全然目標に達しなかった。 ●「全く」は否定のための語ではなく、肯定の強めの語を転用したもの。「全然」は否定用の語だが、「全然がっかりした。」などと言う人もある。ふざけた言い方で、正しくはない。 ●「だめ」「つまらない」のように否定の意味をもつ語は、「いっこうだめ」「さっぱりだめ」「全然つまらない」と使うことができるが、「決してだめ」「すこしもつまらない」とはいえない。

◎**ついぞ** ◇ついぞ見ない顔だ。ついぞ会ったためしがない。

◎**とうてい、とても** ◇とうていがまんできない。とうていここまではとどかない。 ●不可能表現の場合が多い。

◎**ゆめにも（知らない）** ◇ここにあろうとは、ゆめにも思わなか

った。　●「知らない」「思わない」など限られた語にだけそう。
―「いち」を用いて―
◎ひとつも　◇あやまる理由はひとつも ない。ひとりも残っていない。鳥は一羽もいない。
◎一ひとつ　◇何 ひとつ満足でない。煙 ひとすじ立っていない。人っ子 ひとり通らない。あり 一匹はい出るすきもない。
―疑問詞を用いて―
◎なにも、だれも、どこも、どちらも、どうも　◇何も心配することはない。だれとも話したくない。だれからも相手にされない。もう、どうにもならない。天国はどこにも ない。どこも痛くない。どちらにもいらっしゃいませんでした。
―文末の言い方で―
○ことがない　◎―{シ、カッ、ダッ}たことがない、たためしがない　◇今までに、やまない雨は降っ たことがない。あそこの品物は、悪かっ たためしがない。●過去の経験について、その皆無であることをいう。
○はずがない　◎―{スル、イ、ナ}はずがない、わけがない　◇ねずみがねこに勝てる はずがない。ひとりで見たって、おもしろいわけがない。●ものの理屈から今後の事態について否定判断をする場合と、既成事実について、ある理屈から当然のこととして否定判断を下す場合とがある。

【評価を加えた否定判断】
○なくてよい　◎―{シ、ク、デ}なくてよい、ないでよい、なくてもよい、ないでもよい　◇その点は考え ないでいい。屋根は瓦でなくてもよい。糸はそんなに細く なくていい。
○ないほうがいい　◎―{シ、ク、デ}ないほうがいい　◇勝負ごとは覚え ないほうがよかろう。服は、大きくても、小さく ないほうがいい。この役は、わたしで ないほうがよかった。
○いけない　◎―{シ、ク、―}てはいけない、てはならない；―{スル、イ、ダ}といけない　◇けがをし てはいけないので注意して歩いた。油断して見すごし てはならない。荷物があまり重い といけない。

○ことはない　◎ー{スル、×、×} ことはない　◇決して心配することはない。
○あたらない　◎ー{スル、×、×} にはあたらない、にはおよばない。　◇そう驚くにはあたらない。靴をぬぐには及びません。
○ものではない　◎ー{スル、×、×} ものではない　◇電車の中でたばこをすうものではない。

32. 可能判断

可能判断とは、可能を肯定する判断である。
【可能動詞による】
　五段活用（四段活用ともいう）の動詞「読む」が、「読める」（読めない、読めます、読める人、読めれば）と、下一段に活用すれば、「読むことができる」の意味になる。これを可能動詞という。五段活用には、すべてこの現象がある。ただし、「ある」は「あれる」とはならないで、「ありうる」となる。「うる」は「得る」である。可能動詞は、元来、五段活用の動詞に「得る」がつき、例えば、「読みうる」となったのが、音が約されて「読める」のようになったものと思われる。ところで、「うる」とは変な形である。文語では「う」（え、え、う、うる、うれ、え）と下二段活用だから、口語では下一段「える」となるはずである。現にそうであり、単独で、使うときは問題ない（→「君は山で宝物をえるであろう。」）のだが、補助動詞として他の動詞につくときは、習慣的に、「うる」という文語とも口語ともつかぬ形で用いられる。
【「れる」「られる」による】
　五段活用以外の動詞には、可能動詞の現象がない。それらが可能の意味になるときには、語尾に「られる」をつけて、「見られる」「食べられる」「来られる」となる。ただし、サ行変格活用の「する」は「される」と「れる」をつける。（「せられる」といってもよく、本当はそれが正しいのだが、固苦しい感じで、だんだん用いられなくなった。）。「れる」は「られる」と全く同じ性質の語で、これは、サ変と五段活用につく。（「読む」→「読まれる」、「取る」→「取られる」）。
　しかし、「れる」「られる」は、可能よりも受身の意味に取られやす

第7章　結び文型　113

いし、可能としても、104ページに述べたような事情がある。
【「できる」による】
　サ行変格活用の「勉強する」「旅行する」等が可能判断の形をとるときは、「勉強できる」「旅行できる」となり、「する」がすっぽり「できる」にかわる。サ変以外の動詞は、このような、独立する無活用部分をもたないので、動詞からじかに「できる」につづくことができず、「ことができる」という連絡をつけることになる。(→「行くことができる」「来ることができる」) ただし、敬語になると、「お話しできる」「お教えできる」という形が現われる。これは、「お話しになることができる」の意味ではなく「お話しする（∪申し上げる）ことができる」の意味で、謙語である。

　可能動詞以下、可能判断の活用語には、命令形がない。

32.1　不可能判断

　可能判断の否定を、不可能判断とする。
【可能判断＋否定判断】
◎**可能動詞＋ない、ぬ**　◇読めない、泳げぬ
◎**動詞未然形＋れる、られる＋ない、ぬ**　◇手放されぬ、来られない
◎**動詞連用形＋えない、えぬ**　◇知りえない、認めえぬ
◎**無活用動詞＋できない、できぬ**　◇堪忍できない
◎**お＋動詞連用形＋できない、できぬ**　◇お教えできない
◎**動詞終止形＋ことができない**　◇見ることができない
【不可能判断のための特別の言い方】
○**かねる**　◎－{シ、×、×} かねる　◇言いかねます。お引き受けいたしかねる。　●例のように、相手の申し出を断る場合に多く用いられる。ややえんきょくな響きがある。「見るに見かねて」のような慣用語がある。「かねない」も特別な用法で、「あいつなら、やりかねない。」とは、「やりそう」「ひょっとすると、やるかもしれない」の意味で、不可能を否定してまた可能にもどったのである。
○**がたい**　◎－{シ、×、×} がたい　◇えがたい人物。要求には応じがたい。　●「かたい」は「むずかしい」だから、不可能と断じているのではないか、第2例は、結局断じているのにひとしい。

○わけにいかない　◎―{スル、×、ナ} わけにいかない；―{スル、イ、ダ} というわけにはいかない　◇お気の毒ですが、さしあげるわけには参りません。いつでもいい というわけにはいかないね。これからは今までのように楽な わけにはいかない。●（そんな（∪そういう）わけにはいかない。」「今すぐ というわけにはいきません。」のように、活用しない語に、じかにつくこともある。

不可能判断にそいやすい副詞に、「とうてい」「とても」「しょせん」等がある。

33. 過去認定判断

山田孝雄氏は、「た」を「過去」とすることをきらって、「回想」及び「決定」を表わすとした。これは卓見であるから従いたい。しかし、「過去」の名はわかりよいし、「た」が過去を表わすことは現に最も多いから、そうきらわなくてもいい。客観的な過去を描くのではなく、過去と認める主観的判断だということを知っていればいい。それで「過去認定」とした。将来のことを「あした雨が降ったら」というのは、「あしたになって見た時、現に降っていたら」という気持で、やはり、その事態をすでに始まったものと（すなわち過去と）して認めた言い方である。その点、「降れば」は完全に現在から将来を見た言い方である。

口語の過去認定用語には「だ」の一語しかなく、まことに簡単明瞭である。したがって、この段は、すべて「た」をめぐる表現について記す。ここでは、肯定の言い方だけを示す。

【単純な形の過去認定判断】
○た　◎―{シ、カッ、ダッ} た　◇書いたら見せなさい。もう読んだ。行ったか。見たろう。みんな食べた。来た来た！ 美しかった。平気だった。平気であった。
○ました　◎―{シ、×、×} ました　◇行きました。●形容詞からは直接続けず「ようございました」とていねい語になる。形容動詞は「静かでありました」「静かでございました」となる。
○でした　◎―{×、×、―} でした　◇りっぱでした。広い原でした。●形容詞につけて「美しいでした」とするのは認めがたい。

第7章　結び文型　115

しかし、児童の作文などで、これを認めてやらないと指導に困ることもある。その時は、意味の似た形容動詞をさがすか、文型をかえるか、被修飾語を見つけて第2例文のようにするか、指導に工夫がいる。「美しかったです」も困る。

【いろいろな力の加わった過去認定判断】

○ていた等　◎─{シ、×、×} ていた、てあった、てしまった、てきた、ていった、てみた　◇みんなは、とっくに知っていた。五人分の食事が並べてあった。とうとう、ここまで来てしまった。暗くなってきた。次第に遠ざかっていった。テストしてみたのです。　●態の加わった動詞に「た」がついただけで、過去認定のし方に特殊な点があるわけではないが、学習上、文全体の特色をつかむため、及び表現力を身につけるためには、態の語と「た」とが熟合して作り上げた過去認定のし方をつかんでおいたほうがいい。

◎もうすこしで、すんでのことに─{スル、×、×} ところだった　◇もうすこしで手が届くところでしたが、残念でした。すんでのことに見失うところでしたよ。

◎いまにも─{シ、×、×} そうだった　◇走りながら、今にもえり首をつかまれそうで、生きた心地もしませんでした。　●前項とこの語法とは、充足されなかった過去の経験を表現するもので、過去認定にふさわしい一つの形である。

○のだった　◎─{スル、イ、ナ} のだった、のであった；─{シ、カッ、ダッ} たのだ、たのである　◇そう言って、彼はまた空を見上げるのだった。夜はしんしんとふけていくのであった。それがわたしには何よりうれしいのでした。わたしたちは、勝ったのです。それこそ、永い間さがしていた宝石だったのである。　●「の」が、「た」の確認を一瞬にとどめないで、いつまでもかみしめるような、いわばウェットな働きをしている。

○たことがある　◎─{シ、カッ、ダッ} たことがある　◇わたしも行ったことがある。昔は羽振りがよかったことがある。　●過去一点乃至それ以上の経験を、個々の点としてみず、一定期間内の経験の有無に置きかえて認識する。

○たものだ　◎〈よく〉─{シ、カッ、ダッ} たものだ　◇若いころ

には、よくけんかもしたものだ。　●過去における経験を習慣的なものとして認識する。

○たらしい　◎ー{シ、カッ、ダッ}たらしい、たかもしれない　◇あの時、あそこにはいなかったらしい。彼女も昔はきれいだったのかもしれない。　●現認せぬ不確実な過去を述べる。その他、不確実化の言い方は肯定否定のところで記したように、たくさんある。「たらしい」のように「た」が前に来ることも「らしかった」のように、あとに来ることもあり、それぞれに微妙な違いをかもし出す。

○てよかった、とよかった、ばよかった　●評価の加わった過去認定判断で、語形だけ示しておく。

その他「た」は他の助動詞について、いろいろな形の過去認定をするがいちいちあげない。

34. 推量判断

推量肯定判断をもって、推量判断とする。

【単純な形の推量判断】

○う、よう　◎ー{シ（Q）、カロ、ダロ}う；{シ（i、e、コシ）、×、×}よう－{シ、×、×}ましょう　「シ」はこの場合、動詞の未然形。未然形は活用の種類によって、語尾の母音が違い、それによって「う」「よう」の分掌が起るので、その母音をカッコの中に書いた。「コ」は「来」を、「シ」はサ変の「し」をさす。　◇考える必要があろう。考えるべき問題だと言えよう。それでよかろう。今ごろは静かだろう。　●動詞に「う」「よう」をつけて推量を表わすことは、話しことばでは少ない。書きことばでも、ほとんど特定の語にしか用いられない。「たまは、恐らくこのあたりに落ちよう。」「今夜台風が上陸しよう。」などはすでに相当苦しい。「落ちようものなら」「あわや大事件になろうとした時」「まさに出発しようとしている。」のような慣用語があるが、これらでは「う」「よう」が将来の事態を一瞬空想する働きをしているだけで、推量とまではいえまい。ことに第3例は現在事態を描写するための、態の表現と見たほうがよかろう。

○だろう　◎ー{スル、イ、ー}だろう、でしょう、であろう、であ

りましょう、でございましょう　◇今度は当たる<u>だろう</u>。たぶん、そこにはない<u>でしょう</u>。あれはとんび<u>だろう</u>。これが人生というもの<u>であろう</u>。はい、さぞよろこぶで<u>ございましょう</u>。　●形容詞に「ございましょう」がつくときは、「よいでございましょう」よりも「ようございましょう」となる。

○のだろう　◎─{スル、イ、ナ}のだろう、のでしょう、のであろう等　◇きっと、ここにいる<u>のだろう</u>。どうして気がつかない<u>のでしょう</u>。ねこもひとりでさびしい<u>のだろう</u>、なつかしげに寄って来た。ここが見所な<u>のであろう</u>。　●話しことばでは、「の」が「ん」となることが多い。「だろう」と「のだろう」とは明らかに性質が違う。「から」「ので」の相違にも似て、「の」で叙述が客観化されるため、「のだろう」はわれひとともに認める、ある事態の中の未知な部分についてだけ推量する形なので、理由に関係しやすい。第2例はその事の理由を推量、第3例は、その事が、他の事の理由になっていると推量している。

○ことだろう　◎─{スル、イ、ナ}ことだろう　◇ふたりとも、元気で働いている<u>ことでしょう</u>。　●「きっと」「さぞ」などを受けるとが多い。

【いろいろな力の加わった推量判断】

「だろう」が他の助動詞と熟合する形はたくさんあるが、過去認定と重なる場合が重要なので、それだけに焦点を合わせる。

○ただろう等　◎─{シ、カッ、ダッ}**ただろう、たでしょう、たであろう、たのだろう、たのでしょう、たのであろう。たものだろう、たことだろう、たわけだろう、たからだろう。**　◇もうでき上っ<u>ただろう</u>。事件は恐らくこの辺で起こっ<u>たのであろう</u>。さて、どうし<u>たものでしょう</u>。さぞ驚い<u>たことだろう</u>。それは、犬がいたからこわかっ<u>たわけでしょう</u>。時間がなかっ<u>たからでしょう</u>ね。

今までの例文にも出て来たように、推量判断にそう特定の副詞がある。

◎きっと──だろう　◇あしたは、<u>きっと晴れるでしょう</u>。それは、<u>きっと空腹だったからでしょう</u>。

◎たぶん、おそらく、おおかた──だろう　◇<u>たぶん間に合うだろう</u>。<u>おそらく会えなかったでしょう</u>。真相は、<u>大方その辺でしょう</u>。

◎もしかしたら、ひょっとすると、あるいは──だろう。　◇もしかしたら、うかがうでしょう。ひょっとすると、何か事件が起こるだろう。あるいは気に入らぬこともあるでしょうが、がまんしてください。　●この三つは、推量よりも、「かもしれない」のような、不確実な叙述にそうほうがしぜんである。

◎さぞ──（こと）だろう　◇これをあげたら、さぞ喜ぶ（こと）だろう。

34.1　否定推量判断

【単純な形の否定推量判断】

○**まい**　◎─｛(u、i、e、コ、シ)、×、×｝まい　◇長くは続くまい。その心配はまずあるまい。これ以上は伸びまい。日が当たらなくては草もはえまい。ここまでは追って来まい。あの人がそんなバカなまねはしまい。　●「あるまい」等限られたもののほかは、あまり使われない。ことに「来まい」「しまい」は熟さない感じである。「来るまい」「するまい」といっても、誤りとは言えまい。──この「言えまい」のように、可能動詞には、つきやすい。「来られまい」等も。

○**ないだろう**　◎─｛シ、ク、デ｝ないだろう、ないでしょう　◇彼は知らないだろう。もう長くないでしょう。あなたほどは優秀でないでしょう。わたしではないだろう。　●「まい」よりはるかに多く使われる。

○**なかろう**　◎─｛×、ク、デ｝（は）なかろう　◇そんなことをしても、結果がよくはなかろう。うそではなかろうな。　●動詞について「そう大勢は来なかろう。」「100円とはしなかろう。」など、言わないことはないが、熟さない。それよりは「ないだろう」を使う。

【否定推量判断にそう副詞】

◎**まさか、よもや**　◇まさか知れまいと思ったが。よもや降ることはないだろう。　●「まさか（∪よもや）君に会うとは思わなかった。」のように推量のない所に使われても、その時予測できなかった気持を表わしているので、推量的表現で、「会おうとは」が本来

である。

35. 疑問判断

　疑問と質問とを区別する。疑問は、心中の判断の定まらぬさまを表現するものであり、質問は、相手に問いを発するものである。もちろん、疑問がそのまま伝達されて質問になることもある。そもそも疑問があるからこそ質問するのだから、質問の中には疑問が含まれているのが原則である。伝達段階の質問の項で記すものは、それを、相手のない場面で、自分の思考を整えるために発話すれば、そのまま疑問判断となるものが多い。ここでは、そういうものを扱わす、自問する形の文末の辞類をまとめる。

【終助詞の類による単純な疑問判断】

○か、のか　◎―{スル、イ、―}か；―{スル、イ、ナ}のか　◇にわとりが先か、卵が先か、どちらが先なのか、わからない。さんまにがいか、しょっぱいか。あの男は武器ももたずにむかっていくのか。（無謀なやつだ。）

○かな、のかな　◎―{スル、イ、―}かな；―{スル、イ、ナ}のかな　おや、こちらへ来るのかな。ところで、金はあるかな。これではまだ長いかな。これを食べても大丈夫かな。あれでも病人なのかな。●音調は、あがることも、さがることもある。

○かしら、のかしら　◎―{スル、イ、―}かしら；―{スル、イ、ナ}のかしら　◇あの人、いるかしら（イルカシラ）。もう、ないかしら。（ナイカシラ）。これ飲んでも平気かしら（ヘーキカシラ）。だれもいないのかしら（イナイノカシラ）。ここへ来たのはだれかしら（∪なのかしら）（ダレナノカシラ）。

以上の前に「た」のつく形も多い。

【いろいろな力の加わった疑問判断】

○だろうか系　◎―{スル、イ、―}だろうか；―{スル、イ、ナ}のだろうか；―{シ、カッ、ダッ}ただろうか、たのだろうか　◇無事通れるだろうか。これでいいのだろうか。もう戦いは終ったのだろうか。

○ないか系　◎―{シ、ク、デ}ない（の）か、ない（の）かな、な

い（の）かしら、ない（の）だろうか；―{シ、×、×}はしないか、はしないだろうか　◇もう助からないのか……。こんなかっこうで、失礼ではないかしら。この荷物は、あまりに重くはないだろうか。重すぎはしないだろうか。
○のではないか系　◎―{スル、イ、ナ}のではないか（かな、かしら）、のではないだろうか、のではなかろうか　◇ひょっとすると、中はからなのではないか。病気はこのままなおらないのではなかろうか。もう帰ったのではないかしら。
○たらどうか系　◎―{シ、×、×}たらどうか（かな、かしら）、たらどうだろう　◇すこし散歩してみたらどうかと思って……。
●形容詞、形容動詞にこれらの語がついたものは、1個の文末叙述とは見られなくなる（→複線展開型運び文型の不定方向）。「てはどうか」は伝達段階になる（→さそい・すすめ）。
○たものか　◎―{シ、×、×}たものか、たものだろうか　◇さあ、この金を受け取ったものか。この際どうしたものだろうか。●「ていいだろうか」という、評価を含む迷いを表わす。

以上のうち、「ない」を含むものは、それが「なかった」となり、例えば「あんなことを言って、山本さん、気をわるくしなかっただろうか」のようになると、一種の深い反省を蔵した疑問判断になる。

第3節　表出段階の表現型

36.　感動の表出

「喜怒哀楽を色に表わさず」ということばがあるが、それを逆に行って、喜怒哀楽を色に表わすとする。「色」だけでなく、ことばにも表わしたとする。そういう、いわば本能的な意思・情動をことばに記して、外部に発散するとき、それを表わすのに役に立つ、言語の型を、表出段階の結び文型とする。もっとも原初的なのが感動の表出である。

【ふつうの文が音調で感動表出になるもの】

「春が来た。」でも「ここは東京だ。」でも、言い方次第で、淡々たる言表にもなれば、感動的表現にもなる。言い方の表われは音調である。それも一定の型はなく必らずしも強調するばかりが能ではない。静かにゆっくり言っても、感動は表わされる。（ただし、表記はでき

ない。感嘆符「！」も音調までは規定しない。）このように、一切の文が感動表出の文になりうる中でおのずと、感動表出に移りやすい判断型がある。

○た、のだ　◎体た；－{スル、イ、ナ}のだ　◇そこだ！　悪魔のしわざだ！　これが人間だ。わたしは勝ったのだ。水はもう一滴もないのだ。これが努力の報いなのだ。

○だった、のだった　◎体だった；－{スル、イ、ナ}のだった　◇ひとりぼっちの私だった。雪は音もなく降りつもるのであった。

○た　◎－{シ、カッ、ダッ}た　◇あった！　うまかった！

○てよかった　◎－{シ、ク、－}てよかった　◇来てよかった！　けががなくてよかった。無事でよかった。

【自然現象の、一語文及び一語文的な文】

　第19段20段で述べた、一語文及び一語文的な文は、ほとんどが感動表出の文である。特に感動詞1個によるもの、形容動詞の語幹、連用形、連体形によるもの、連体修飾語を伴った体言によるもの等は、感動表出の場に限り発話される。

【判断未完のもの】

　一語文も判断未完といえるが、ここでは、あとに続く判断をのぞかせて終る語形が、そのまま、感動表出のための文末陳述になったものをあげる。

○とは、なんて　◎－{スル、イ、ダ}とは、なんて　◇子どもに負けるとは。代表が君だとは。冬、雷が鳴るなんて。雲よりも高いなんて。先生のことをカバだなんて。●「陛下がお歩きでとは。」のように、省略のため終りのはっきりしない文にもつく。「なんて」は、最後の例のように、相手のことばを受けることがある。

○だと、って　◎－{スル、イ－}だと？；－{スル、イ、ダ}って？　◇しかたがないだと？　気の毒だと？　（何が気の毒なものか。）もうしめきったって？　●「気の毒だと？」は正しくは「気の毒だだと」なのだが、「だ」が重なるので省略される。「？」で示したように、相手の言への反問である。

○のなんの　◎－{スル、イ、－}のなんの（って）；－{スル、イ、×}の－{シ、ク、×}ないの（って）　◇いや、降るのなんのっ

て！ 寒いのなんの！ 頑固のなんのって！ よほど腹がへっていたとみえて、くうのくわないのって。速いの速くないの。●形容動詞につくときは「―なのなんの」となるべきだが、口調がわるいので「な」が落ちる。しかし、あまり使われない。この言い方には、形容詞がいちばんぴったりしている。

【一語文のかさなり】

「ある、ある。」「出るは、出るは。」「困った、困った。」のようなものは、独立の一語文が二つかさなったものだが、音の切れ目はなく、二つで一つの文とも見られる。

【感動詞で始まるふつうの文】

「ああ、腹がへった。」「ええ、またうるさいやつが来た。」「わあ、ぞうが玉にのってる。」などは、感動詞で始まることだけが型として特殊で、あとは全くふつうの形をしている。

【感動詞や感動的副詞の類と、それに応ずる文末の辞とによるもの】

―疑問詞と、推量及び疑問判断で―

◎なんと、なんて―{スル、イ、ナ}のだろう、ことだろう ◇何て速いんだろう。日が照っていて雨が降るとは、何とおかしなことだろう。●第2例のように、疑問詞が必らずしも文頭に来るわけではない。

◎なんと、なんて―{スル、イ、ナ}体だろう、なのだろう ◇何と心の美しい少年でしょう。飛行機で行くなんて、何てぜいたくな旅行なんだろう。

◎どんなに―{スル、イ、ナ}ことか、ことだろう ◇どんなに心が痛むことか。どんなに心配なことでしょう。りっぱにできて、どんなにうれしかったことだろう。

―指示語と、疑問その他の終助詞で―

○こ系 ◎こうも、これほど（まで）、こんなに（も）―{スル、イ、ナ}のか、ものか ◇中学生になると、こうも違うものか。母親がこんなにもすきなのか。

○そ系 ◎そうも、それほど（まで）、そんなに（も）―{スル、イ、ナ}のか、ものか ◇お前はそんなに絵がかきたいのですか。あの子は、それほどまで、わたしを思っていてくれたのか。

○あ系　◎ああも、あれほど（まで）、あんなに（も）―｛スル、イ、ナ｝のか、ものか　◇ああも平気でうそがつける ものかね。きたえられた体は、あれほど 強い ものか。

疑問詞と指示語が、ともに用いられると、

◇どうして、あの子は、こうも反抗する のだろう。

◇何だって、あんなに こだわる のかなあ。

のようになる。疑問判断であることは言うまでもないが、理由を考えることより、その現象に驚いていることが強く表現される。

　以上のほかに、短い形で、

◎この体（め）　◇このろくでなし！　このどろぼうねこめ！　●相手があって、ののしる場合。

◎その形幹さ、その形いこと　◇そのうまさ！　その強いこと！

◎あの形い体　◇あの青い顔！　のようなのがある。

―特定の副詞と、それに伴う文末叙述で―

◎よく―｛シ、カッ、ダッ｝た　◇よく 来た。よく何ともなかったな。よく 無事だった。　●「よ」が強調され、「よーく」と伸び加減。

◎とうとう、ついに―｛シ、カッ、ダッ｝た、たか　◇とうとう やったか。ついに征服した。ついに 無かった。ついに だめだった。

◎やっと―｛シ、×、×｝た、たか　◇やっと できた。

◎いよいよ―｛スル、×、―｝か　◇いよいよざーっと来る か。いよいよ学校ともお別れ か。

◎どうしてなかなか―｛スル、イ、ナ｝ものだ　◇どうして、なかなかひまがかかる ものだ。どうして、なかなかりっぱな ものです。

◎また―｛スル、×、―｝か；―｛スル、イ、ナ｝のか　◇また だめか。また 雨 か。また 無い のか。

◎よくよく―｛スル、イ、ダ｝な　◇よくよく 運がない な。

【終助詞だけがつくもの】

○な、◎―｛スル、イ、ダ｝な、なあ　よく食う なあ。空は広い な。大きい な。ばかだ なあ。　●第1例の「よく」は、「ヨーククウナー」または「ヨク　クウナー」で、たくさん食べることを感心するもの。「ヨーククウナー」となると、よくそんなものが食べられる

なという感心で前項の「よく来た」と同類になる。
○わ　◎ー{スル、イ、ダ} わ　◇失礼しちゃうわ。わたし、いやだわ。　●女性語で、「ワ」とあがる。「こいつはうまいわ。」「たいしたもんだわ。」これは「ワ」と下がるもので、むしろ男性語。これが「わい」ともなる。
○か　◎体か　◇雨か。　●アメカ（雨を見つめる）、アメカ（がっかり）、アーメカー（発見の驚き）等いろいろな感動が表わされる。

37. 期待、願望、うらみ等の表出

非現実の事態を心に描き、そちらへ寄ろうとする心持ちを表わす。
【実現への単純な希望】
○たい　◎ー{シ、×、×} たい　◇腹いっぱい食べたい。
○てほしい　◎ー{シ、×、×} てほしい、てもらいたい　◇それだけは、やめてもらいたい。
　この二つが基本で、感動詞がついたり、終助詞「なあ」「ものだ」などがついたりして、次第に切なる願いになる。また、音調で「タベタイ」「タベターイ」と強調したり、「食べたい。食べたい」と重ねたりすれば、単純なともいえないものになる。
【希求、あこがれ】
　実現する可能性のほとんどない事態に、しかも、強い希望を寄せるもので、夢想的な願望ともいえよう。事の性質上、仮定・想定の言い方と深い関係がある。
○たらなあ　◎ー{シ、カッ、ダッ} たらなあ　◇空をとべたらなあ。美智子さんのように美しかったらなあ。
○ばなあ　◎ー{スレ、ケレ、ナラ} ばなあ　◇姫がいてくれればなあ。せめてあの人ぐらいなら（ば）なあ。
○たらいい　◎ー{シ、カッ、ダッ} たらいいなあ、たらいいんだがなあ、たらどんなにいいだろう　◇もう5センチ、背が高かったらいいんだが。忍術ができたら、どんなにすてきだろう。
○ないか　◎ー{シ、×、×} ないかなあ、ないかしら、ないものか　◇だれか、これを買ってくれる人はいないかなあ。あのてっぺんまで行けないものか。　●「ば」「たら」の系統に比べて、実現の

望みがこい。当然実現すべきものが簡単には実現できないことへのもどかしさを表わす。

【実現への祈り】
○ように　◎〈どうか〉―{スル、イ、ナ}ように；〈どうか〉―{シ、×、×}ますように。どうか役目が果せますように。船が無事でありますように。

【実現しなかったことへのうらみ】
○ばよかったのに　◎―{スレ、ケレ、ナラ}ばよかったのに　◇なんだ、行けばよかったのに。もうすこし長ければよかったのに。
○たらいいのに　◎―{シ、カッ、ダッ}たらいいのに、たらよかったのに　◇カラーテレビだったらいいのになあ。いっしょにつれてきたらよかったのに。
○ばよかった　◎―{スレ、×、×}ばよかった　◇むこうから回ればよかった。　●自己の行為や状態についての後悔になることが多く、動詞につきやすい。自己に即さぬことには「のに」がつくのがしぜんである。
○せっかく――のに　◇せっかく遠い所から来たのに。せっかく用意ができているのに。　●直接うらむべき事態を描かずに、その前提となる条件が熟していることだけを述べる語法。

38. 懸念、おそれの表出

前段と反対に、非現実の事態を心に描き、それから離れようとする心持ちを表わす言い方である。

○といけない　◎―{スル、イ、ダ}といけない　◇万一のことがあるといけない。　●多くの場合、悪い事態を描いて、それに対処する方法を述べる形になる。降るといけないから、かさをもって行きなさい。からいといけないと思って、水をもって来た。
○なければよいが　◎―{シ、ク、デ}なければよいが、ねばよいが　◇変事が起こらなければよいが。嵐が来ねばいいが。今から行って遅くなければいいが。

前段の、実現への祈りに「ない」がついて、「ないように」「ませんように」となれば、懸念やおそれに対する想念上の、もっとも積極的

な対処法となる。(現実には、もっとも無力であっても)。

39. 意志・決意の表出

　これも、非現実の事態を心に描いて、それに心を寄せるのであるが、その対象は、次の瞬間には、その実現にむかって歩み出せるほど、手近かなものである。したがって、対処法は積極的で力強いものである。これにまた、肯定・否定両方向がある。肯定は迎える意志、否定は逆らう意志である。

【迎える意志】

○う、よう　◎―{シ(O)、×、×} う；―{シ(i、e、コ、シ)×、×} よう　◇今度は、しっかりやろう。もっと注意深く見よう。好ききらいを言わずに食べよう。もう一度見に来よう。●推量の「う」は形容詞、形容動詞につくが、これは、つかない。文語の「波静かならむと欲すれども、風やまず」を訳せば、「波が静かであろうとしても」となる。

○としよう　◎―{スル、×、×} としよう。◇どれ、すこし休むとしよう。●「2点A、Bがあるとしよう。」はこの語法ではない。

○さ、ぞ　◎―{スル、×、×} さ、ぞ　◇行くさ。やるぞ。●「さ」が意志を表わすのではなく、「行く！」の中にすでに意志表出の要素があるのが、「さ」の感動表出で強められて、いよいよ意志的になり、「行かせまいったって、行ってみせるさ」の意味になったものである。形容詞、形容動詞にも「さ」はつくが、その意味からして、意志表出にはならない。

○っと　◎―{スル、×、×}っと；―{シ、×、×} たっと　◇やめるっと；やめたっと！　●発話瞬間時にかたまった気持を表わすので、意志というより、決意といったほうがいい。

○とも　◎―{スル、×、×} とも　◇やってみせるとも。●伝達の要素がきわめて強い。そちらの項にも入れてあるが、伝達される内容が自己の行為である場合には、意志貫徹のほどを保証することになるので、ここにも入れた。

○てやろう　◎―{シ、×、×} てやろう　◇何とかして取り上げてやろう。●「てやる」が、態の働きを離れ、だれのために「して

やる」のでもないところで使われている。冒険的な気持で、つまると大阪弁の「やったろかー」になる。対照的に、少しふざけた言い方だが「さあ、つかまえたぞ。どうしてくれよう」というのがある。
○てしまおう　◎ー{シ、×、×}てしまおう　◇今のうちに燃してしまおう。　●前項同様、一種の景気づけである。これが命令形になったのが東京弁の「やっちゃい、やっちゃい」「やっちまえ」である。

【逆らう意志】
○まい　◎ー{シ (u、i、e、コ、シ)、×、×}まい　◇絶対にたばこは吸うまい。つまらぬ映画は見まい。小さな事に腹を立てまい。こんな所に二度と来まい。ねぼうしまい。　●接続のし方は否定推量の場合と同じ。
○ものか　◎ー{スル、×、×}ものか　◇断じて行くものか。何でうそを言うものか。　●本来、否定判断を強く伝達する語で、内容が自己の行為になるとき、否定的受け合いとなる。
　迎える意志の反対として「ないさ」「ないぞ」「ないとも」「ないっと」等がある。

【命令の形で自己の意志を表出するもの】
　劇を見ていると、刀を抜いた者は、たいてい「さあ、来い」「斬れるものなら、斬ってみろ」などと、命令形でものを言う。事実、命令しているには違いないが、上官が部下に「かかれ」「斬れ」と言うのとは違う。実現を期して命ずるより、そういう表現を通じて、自己の自信、確乎たる意志を表出していると見たほうがいい。
　これほど建設的でないものに、すでに捕えられた者が、「矢でも鉄砲でも持って来い」「斬れ」「殺せ」などと、棄て鉢なことを言うのがある。これは、いよいよ実現を期していないもので、破れかぶれの意志表出である。
　「ざまあ見ろ」「覚えていろ」のような棄てゼリフもある。これも、文字通りの意味はどうでもいい、一方的な意志表出、あるいは意思表出である。また、相手がいないのに、ひとりごとのように「どうでもなれ」「何でもいいから、やっちまえ」などと言う。相手がいても、相手にとも自分にともつかず言う。心内の浄化作用（カタルシス）の

然らしむるところで、意志表出の一種と見る。

第4節 伝達段階の表現型

40. 単純な伝達

　すべての言語表現は、伝達さるべき性質をもっている。しかし、伝達されなければ言語がないということはない。伝達を意図しない言語を、わたしたちは、頭の中や手元のメモなどで、いつも使っている。自分に伝達しているには違いないが、それは伝達を意図した伝達ではない。

　今までに述べてきた、述語の描叙、判断、表出の働きは、必らずしも伝達を考えなくても行なわれる働きである。以下は、そのようにしてまとまってきた言語表現が、いよいよ相手に伝達されるとき、伝達の意図に応じてどんな形をとるかを考えるのである。

　まず、単純な伝達というのは、ただ、そのことばが相手に伝達されさえすればいい、伝達自体が伝達の目的だという場合である。これには、特別な形式はない。相手のいる所で声を出して話すか、見えるように文字に書けばいいだけだ。音声、文字という物理的存在が、それ自身伝達のための形式である。

　しかし、ことばの中にも、特別の意図はないが、伝達する時にだけ使われることばがある。「です」「ます」及び、それから作られる「であります」「でございます」等のことばである。特別の意図がないといったら、すぐに、「相手にていねいに言う、敬意を表すという意図があるではないか」と、文句をくうだろう。その意図はもちろん認めるが、それは、命令・要求以下、他の意図に比べたら比べものにならない無内容の意図である。空気を吸っていて気がつかないのと同じくらいに、意図を自覚しない意図である。「ございます」のようなバカていねいなものは別として、「です」「ます」程度だったら、例えばわたしが、妻と話す時には出て来ないが、道で会った人と話す時は、いつの間にか出て来てしまう程度のもので、これをもって、特定の意図ということは、どうもできないと考える。

　妻と話す時も伝達を意図している。それなのに「です」「ます」が出て来ないところをみると、伝達するために、必らず「です」「ます」

第7章　結び文型　**129**

が要るのではないことは確かだ。が逆の方向からいうと、「です」「ます」が使われていれば、伝達の意図があることが確かだといえる。

で、わたしは、「です」「ます」をもって、ていねい語とすることは無論であるが、今ひとつ別な観点から、単純な伝達意図を表示する記号としての性質を確認しておく。

41. 押しつけふうの伝達

郵便でいえば、書き留めのようなもので、相手に伝わったことを確かめなければやまないという強い意志をもった言い方をまとめる。場合によって、押しつけ、念押し、だめ押し、受けあいなどの概念が当てられよう。

【終助詞その他で】

○の　◎ー{スル、イ、ナ}の　◇いや、そこじゃない、ここに書くの〔カクノ〕。お菓子はもうないの〔ナイノ〕。そんなこと言ってもだめなの〔ダメナノ〕。　●「の」に力を入れて、きめつけるように言う。

○よ　◎ー{スル、イ、ダ}よ　◇君、それは違うよ。違ってもいいよ。そんなこと言ってはだめだよ。　●「よ」音はあまり強調されない。

○ね　◎ー{スル、イ、ダ}ね　◇わかるね。わかったね。もう行ってもいいね。大丈夫だね。　●「ネ」とあがるのがふつうだが、「ネ」と下がることもある。なかば質問であるが、念押しが強い。

○ぞ　◎ー{スル、イ、ダ}ぞ　◇来たぞ。動くとうつぞ。手向かいすれば命はないぞ。今度はおれの番だぞ。

○とも　◎ー{スル、イ、ダ}とも　◇ああ、いいとも。そうだとも。　●受けあい。保証つきの伝達。

○のだ、のです　◎ー{スル、イ、ナ}のだ、のです　◇君たちはむこうへ行くんだ。心配しなくてもいいんだ。だめなんだ、それが。いいから、こっちへ来るんです。　●これは、判断が強調されて伝わるから押しつけにもなるので、「のだ」「のです」がそのまま押しつけのことばだというわけではない。しかし、この形は事実上の命令として、よく用いられる。

【推量疑問判断の形で】
　推量は自己だけのものであるが、それが相手に問いかけられると、相手の同様な判断をさそう結果となり、一種の押しつけとなる。
○だろう　◎―{スル、イ、―}だろう　でしょう　◇わかるだろう。もういいでしょう。どう？　りっぱでしょう。これ、あなたのでしょう。●「イーデショー」とあがるのがふつうだが、下がり気味にも言う。「ドーオ」のように、前に昇調があれば、次は「リッパデショー」と下がる。
○のだろう　◎―{スル、イ、ナ}のだろう、のでしょう　◇どうせ、あなたは、したいようにするんでしょう。もう、しまってもいいんだろう。　●前同様、「イーンダロー」とあがるのがふつうだが、下げることもある、

【反問の形で】
○ではないか　◎―{スル、イ、―}ではないか、ではありませんか、ではないですか　◇やっぱり降ってるじゃないか。まあ、いいじゃありませんか。こんなにたくさんあるじゃないですか。　●自分の説をそのまま相手にも認めさせようとする言い方。物語文の中で、「ふとうしろを見ると、雲つくような大男が立っているではないか」などと使うのは、作者の感動の表出であるとともに、その驚きを読者にもそのまま味わわせようとする押しつけである。

【感動詞類が先行して】
　相手の注意を喚起する感動詞・間投詞をまず投げて、その後、上記の文型をとることが多い。「そら、行くぞ」「ほら、これだよ」「さあ、並ぶんですよ」「ねえ、いい子だね」「だって、そうじゃないか」等。

【特殊な押し返し語法】
　言いたいのを押さえていた気持を、何かのきっかけをとらえて相手にぶちまけるのに慣用的な言い方がある。
　◇　だから言わないことじゃない。（言わんこっちゃない）
　◇　それ見ろ。それ見なさい。それ見たことか。
　◇　だってつまらないんだもの。

42. 勧誘ふうの伝達

【意志表出の形によるさそい】

　推量の形が押しつけに働くように、自己の意志の表出か、呼びかけの状況で伝達されると、相手の行動をさそい出す結果となる。呼びかけの感動詞が先行することが多い。

○う、よう、ましょう　◇さあ、行きましょう。もうよそうよ。次を読んでみましょう。　●「よ」「や」などの終助詞がつけば、さそいがいっそう強まる。

【質問の形によるさそい】

○か　◎〈さあ、どうだ〉―{スル、×、×}か、―{シ、×、×}ますか　◇さあ、出かけるか（デカケルカ）。どうです、勇気を出してやってみますか（ヤッテミマスカ）。　●「か」を上げれば、ただの質問になってしまう。

○うか、ようか　◎〈さあ〉―{シ（O）、×、×}うか；―{シ（i、e、コ、シ）、×、×}ようか；―{シ、×、×}ましょうか　◇さあ、乗りましょうか。そろそろ、始めようか。暗くならないうちに行って来ようか。　●これも「か」は下がる。ひとりごとのように言う場合は、意志＋疑問そのままである。

○ないか　◎―{シ、×、×}ないか、ませんか　◇いっしょに遊ばないか。行ってみませんか。　●「か」は上がるほうが多いが、下がることもある。

○ない？　◎―{シ、×、×}ない？、ません？　◇これ、君食べない？（タベナイ）ごいっしょに参りません？（マイリマセン）　●この用法の「ません？」は多く女性語である。

【評価的判断の形によるすすめ】

　評価の加わった肯定判断のうち、「ばよい」「たらよい」「とよい」のように、仮定・想定の形をとったものが相手に伝達されると、その判断を相手が受け入れて、そこから結果する行動を相手が起こすことを期待する態度の表われとなり、すすめとなる。

○といい　◎―{スル、×、×}といい　といいよ、といいわ。◇君なんかは、朝散歩するといい。このナイフ使うといいわ。　●「よ」「わ」等がつく時は、上がる。ただし「わ」が男性語ならば下

がる。「いい」が特定の評価語になった「砂糖入れるとうまいよ」のようなものも、この型にはいる。
○**ばいい** ◎—{スレ、×、×} ばいい ◇いやなら、やめ<u>ばいい</u>。小馬を飼え<u>ばいいのに</u>。 ●「のに」がつくと「うらみ」めくが、実現しうる状況で言っていれば、すすめである。これらの用法では、「いい」は「よい」とは言わない。
○**たらいい** ◎—{シ、×、×} たらいい、たらいいだろう ◇君、ここにすわっ<u>たらいい</u>。まあ、やってみ<u>たらいいでしょう</u>。 ●「立ってないで、すわっ<u>たらいいじゃないか</u>」というと、すすめが押しつけられている。
○**たほうがいい** ◎—{シ、×、×} たほうがいい ◇他人の迷惑になることは、やめ<u>たほうがいいね</u>。
○**たらどう** ◎—{シ、×、×} たらどう？、たらどうだ、たらどうです、たらどうなの、たらどうだろう、たら？ ◇もうすこしはっきりし<u>たらどうです？</u> この辺でやめ<u>たら？</u> この色を明るくし<u>たらどうだろう</u>。 ●推量の形をとる場合は、下がる。「だ」「です」は両方あり、そのほかは上がるのがふつう。「たら」が「ては」になることもある。
○**ことだ** ◎—{スル、×、×} ことだ（ね）、ことです（ね） ◇腹八分でやめておく<u>ことだね</u>。だまされたつもりでやってみる<u>ことですね</u>。人の悪口は言わない<u>ことです</u>。
○**がよかろう** ◎—{スル、×、×} がよかろう；—{シ、×、×} たがよかろう ◇自重する<u>がよかろう</u>。もう一度出なおし<u>たがよかろう</u>。

43. 命令ふうの伝達

相手に対する精神的態度として、最も積極的なもので、伝達したことがらが、相手において実現されることを強く期待するものである。命令、要求、依頼、許可、義務づけ、禁止、いましめ、叱責等を含む。おのおのの境界は、はっきりしない。

【直接命令】
▽**動詞の命令形** ◎—シロ（eロ、iロ、eロ、コイ、シロ） ◇書ける

だけ書け。あの人を見ろ（見よ、見い。）裁きを受けろ（受けよ、受けい）。ここへ来い。おとなしくしろ（せよ）。　●実際の話しことばでは、命令形による伝達はきわめて少ない。軍隊のような上下関係の明瞭なところや、劇の中で、また「逃げろ」「がんばれ」のような合図・かけ声として、使われるぐらいなものである。書きことばでは、試験問題など、特定場面の中で不特定の相手に対して用いられる。

◎しろよ　◇こっちへ来いよ。まあ飲めよ。　●この形は、男性の親しい友だち同士で、きわめてよく使われる。

○てしまえ　◎―{シ、×、×}てしまえ　◇そんなもの棄てちまえ。●「しろ」よりいっそう強い表現であるはずだが、現実には、こちらのほうが使いやすい。これはおそらく、「しろ」は全く相手の行為を規制することズバリなのに対して、「てしまえ」には、自分のもやもやした気持を清算する感じもこもっていて、そのため、場面適応としてつきやすい行為になるためだろうと思われる。

　敬語動詞「いらっしゃる」は「いる」「来る」「行く」の敬語であるから、その命令形「いらっしゃい」は「そこにいらっしゃい」「こちらにいらっしゃい」「あちらへいらっしゃい」で、それぞれ、「いろ」「来い」「行け」の意味になる。

【ていねいな命令、要求、依頼】
○なさい　◎―{シ、×、×}なさい　◇すぐに帰りなさい。
○お――なさい　◎お―{シ、×、×}なさい　◇お帰りなさい。
○お――ください　◎お―{シ、×、×}ください、くださいませ　◇ここにお書きください。しばらくお待ちくださいませ。
○ご――ください　◎ご漢語無活用動詞ください　◇どうぞご活躍ください。
○てください　◎―{シ、×、×}てください、てくださいませ　◇静かにしてください。それだけはやめてくださいませ。
○てくれ　◎―{シ、×、×}てくれ　ておくれ　◇助けてくれ。そこを読んでおくれ。
○てごらん　◎―{シ、×、×}てごらん、ごらんなさい　◇ちょっと来てごらん。まあ見てごらんなさいよ。

○て　◎─{シ、×、×} て、てよ　◇ママちょっと来て。頼むから貸してよ。
○お──　◎お─{シ、×、×}　●「シ」は動詞連用形　◇そこにおすわり！　いいかげんにおし。

【間接的命令】
○ように　◎─{スル、×、×} ように　◇これこれ、すこし静かにするように。字はていねいに書くように。
○がよい　◎─{スル、×、×} がよい　◇体を大切にするがよい。気をつけて行くがよいぞ。　●殿様向きのことばと考えられる習慣があり、あまり現代語らしくない。
○こと　◎─{スル、×、×} こと　◇解答は解答欄に書くこと。　●それがきまりだという意味だから「スカートのすそは長いこと。」「材料は丈夫なこと。」のように形容詞・形容動詞にもつくが、命令的意味はうすれる。
▽断定的肯定判断　◇さあさあ、二列に並ぶ！　おとなしくついて来るんだ。はい、あなたから読みます。
○ないか　◎─{シ、×、×} ないか　◇こら、はなさないか！　とっとと歩かんか！　●おさえつけるように下げる。
○たらどうだ　◎─{シ、×、×} たらどうだ　◇おい、もうすこし気をつけて歩いたらどうだ（い）　●すすめの項にもあげた。やわらかく言えばすすめ、強く、おさえるように言えば、間接的命令になる。

【依頼】
○てくれないか　◎─{シ、×、×} てくれないか、てくれませんか　◇この本をあしたまで貸してくれないか。すこし、道をあけてくれませんかね。　●「は」がはいって「てはくれないか」ともなり、その「ない」が「まい」になって、「どうだろう、何とか承知してはくれまいか。」となると、頼みにくいことを、低姿勢で頼む言い方になる。
○てくださいませんか　◎─{シ、×、×} てくださらぬか、てくださいませんか　◇娘ごを、せがれの嫁にしてはくださらぬか。
○てもらえないか　◎─{シ、×、×} てもらえないか、てもらえま

第7章　結び文型

せんか　◇承知し てもらえないかな。窓をあけ てもらえませんか。
○て いただけませんか　◎ー{シ、×、×} ていただけませんか　◇手を貸し ていただけませんか。

　以上に「だろう」「でしょう」がついて、「待っていただけないでしょうか。」「何とかしてもらえないものだろうか。」などとなると、いっそう遠まわしになり、哀訴、哀願の形となる。

【許可・義務づけ】

　評価の加わった肯定判断のうちの断定的なものが、相手に伝達されると、許可の表明となる。

○てよい　◎ー{シ、×、×} てよい、てよろしい、てもよい　◇もう帰って よろしい。車から降りなく てもいい（∪降りない でもいい。）同じく評価的肯定判断に、条件と帰結に否定を入れてその関係を密にしたものから、強い限定的な評価肯定判断となったものがある。これが伝達されて義務づけとなる。

○なければならない　◎ー{シ、ク、デ} なければならない、なければいけない、なくてはならない、なくてはいけない　◇君はもっと勉強し なければいけないね。子どもはすなおで なくてはいけません。

【禁止】

　禁止それ自身の文型による禁止と、否定的命令による禁止とあるが、区別せずに記す。

ー直接禁止ー

○な　◎ー{スル、×、×} な　◇油断する な。

ーていねいな禁止ー

○なさるな　◎ー{シ、×、×} なさるな；無活用動詞なさるな、なさいますな　◇ばかなまねをし なさるな（∪し なさんな。）辞退 なさるな。心配 なさいますな。

○おーなさるな　◎おー{シ、×、×} なさるな；ご無活用動詞なさるな、なさいますな　◇お とぼけ なさるな。ご 謙遜 なさいますな。

○おーくださるな　◎おー{シ、×、×} くださるな；ご無活用動詞くださるな、くださいますな　◇お 気にかけ くださるな。気に おかけ くださるな。

―間接的禁止、間接的でていねいな禁止―

○ないように ◎―{シ、×、×} ないように、なさらぬよう；ご <u>無活用動詞</u> なさらないように、ないよう、なく ◇芝生にはいらないように。がっかりしなさらぬよう。ご心配ないよう。ご心配なく。

○ないがよい ◎―{シ、×、×} ないがよい、ぬがよい ◇ばかなことは言わぬがよい。

○ないこと ◎―{シ、×、×} ないこと ◇よそ見をしないこと。

○てはいけない ◎―{シ、×、×} てはいけない、てはならない、てはならぬ、てはいけません、てはなりません ◇決してあけてはいけない。いねむり運転をしてはなりません。

○ことはならぬ ◎―{スル、×、×} ことはならぬ、ことはなりません、ことはない ◇断じて、退くことはなりません。あんたが口を出すことはない。

○ものではない ◎―{スル、×、×} ものではない、ものではありません ◇ひとを指さすものではありません。

○ないでくれ ◎―{シ、×、×} ないでくれ、ないでください、ないで ◇どうか、邪魔しないでください。行かないで。

○たら承知しない ◎―{シ、×、×} たら承知しない ◇中を見たら承知しないよ。

○ないでよろしい ◎―{シ、×、×} ないでよろしい、ないでいい ◇余計なことは言わんでよろしい。あんたは行かなくていいの。(イーノ、イーノ) ●文字通りにとれば、行かなくてもいいし、行ってもいいことになるが、この場合の文意はそうでない。「言うな」「行くな」ということである。

▽**断定的な否定判断** ◇危い所へは行かないの。

○でない ◎―{スル、×、×} でない；お―{シ、×、×} でない ◇油断するでないぞ。指をしゃぶるんじゃないの。バカをお言いでない。

―命令の形で、反対に禁止を―

「うそをつくな」「ばかなことを言うな」と言いたいとき、習慣的に、「うそをつけ！」「ばかいえ！」と言う。これは、「いくらでも、うそ

第7章 結び文型 137

をつくがいい。おれはだまされないぞ。」という意味だろうが、いちいちそう考えてはいない。

【いましめ、叱責】
―反問による押しつけで―
○ではないか　◎―｛スル、イ、―｝ではないか、ではありませんか
　◇だから、言っている<u>ではありませんか</u>。まるでなってない<u>じゃないか</u>。だめ<u>じゃないか</u>、君。
―質問の形で―
　叱る人は、よく質問の形でものを言うが、もしまじめに考えて答えたら、「口答えする」とか、「へ理屈を言う」とかで、ますます怒られる。これは、頭からおっかぶせて言っているので本質的には質問ではない。
　　A　そんなことですむのですか。
　　B　すみません。
　　A　すみませんですむと思うんですか。
「思います」などと答えたら大変だ。いくつか、そんな例をあげてみる。
　　◇何ですか、このざまは。
　　◇どうして言うことをきかないんだ。
　　◇何を言うか。
　　◇ここをどこだと思う。
　　◇お前は耳がないのか。
　　◇その目は何のためにあるんだ。

44. 質問

　疑問と質問とが違うことは、前に述べたとおりで、疑問は、疑問を設けるだけで、その答えをどこに求めるかを念頭におかない。おくとすれば、自分にである。質問は、必らず、伝達の相手に答えを求める。
【音調だけによる質問】
　　これ。
という一語文がある。音調によって、いろいろな意味になる。次に左に意味、右に音調を書く。

（はい、これです。）	コ￣レ	（1）
（これですか？）	コ￣レ／	（2）
（ああ、これですか。）	コ￣レ─＼	（3）
（ほら、これだったら！）	コ￣レ⌢	（4）
（こらっ！）	コ￣レ	（5）

（5）は語が違うから別とする。（1）が語のアクセントそのままの平調。（2）は質問のための昇調。（3）は、ちょっとした驚きと気抜けのための降調。（4）はダメ押しの強調を伴った昇調である。

　この中でいちばんはっきりしているのは、（2）の質問である。しかし、質問がいつも昇調とは限らず、念押し的な質問ならば（3）に近い形をとることもある。一概に質問の音調がきめられず、めんどうであるが、まあ大体は、昇調を質問の音調と見ていいだろう。

　一語文でないまでも、「この本を読んだ。」「何か食べたい。」など、短かい文は、音調次第で平叙にもなれば質問にもなる。特になりやすいのは推量の形であろう。（→「そこにある<u>だろう</u>。」「あしたは行く<u>でしょう</u>。」等）

　注意すべきものは、相手の言をそのまま聞き返す、反問である。食事が終った時に「おなかがすいた。」と言った人に、「おなかがすいた？」と問う。これは、すいたかどうかを聞いているのではなく、「『おなかがすいた。』だって？」と、聞き返しているのである。書けば、「『おなかがすいた。』？」となるべきものである。この反問にならば、それこそ、すべての文はみな、なりうる。

【述語先行倒置型で】

　質問は、早く答えが得たいから、まず疑問の点を述語にして、いきなり発話し、あとから必要要素を補充することが行なわれやすい。これは、英語で、疑問文の主述が転倒するのとは関係がない。

　◇行く？　今晩。
　◇どうです？　ご気分は。
　◇ありますか？　そこに。
　◇だれだ、そこにいるのは。

【終助詞の類で】

○か　◎─ ｛スル、イ、─｝か　◇雨が降っています<u>か</u>。これでも高

第7章　結び文型　139

い<u>か</u>。元気<u>か</u>。あれは中村さん<u>か</u>。旅行はおもしろかった<u>か</u>。
否定判断に「か」がつく時に、注意すべきことが二つある。

　一つは、「しないか」が、ただの質問ではなく、さそいに転じやすいことである。「この本買いませんか。」と言われると、ただ買うか買わないかの意志を聞かれたようには感じないで、「買いなさい」とさそいかけられているように感じ、相手が親しい人だと、何だか断りにくくなる。これは、文の意味によることで、「花はまだ咲きませんか。」なら、だれも、さそわれているとは感じない。その文の主語が質問を受けた人つまり「あなた」である場合に、質問のさそい化が起こるのである。

　いま一つは、否定語による質問は、否定的気分の質問でないことが多いという点である。「コップに水ははいっていますか。はいっていませんか。」の質問は完全に文字通りで、前文は肯定的質問、後文は否定的質問である。ところが「この辺に水はありませんか。」という質問は、水をさがし求める気分の表われで、むしろ肯定的質問である。「花はまだ咲きませんか。」も、「早く咲くといいですね。」「咲いていないまでも、咲きそうな気配ぐらいはあるでしょう。」といった気持による質問ととるのがふつうである。だから、この表現がさらに進んで、「ないかなあ」という希求表現になるのである。

○のか　◎―{スル、イ、ナ}のか、のですか　◇まだ<u>いる</u>のか？　お金はもう<u>無い</u>のか？　体は丈夫<u>な</u>んですか？
○ね　◎―{スル、イ、ダ}ね？　◇<u>行く</u>ね？　体、何ともな<u>い</u>ね？　平気<u>だ</u>ね？　これはわたしの<u>です</u>ね？　●念押し的質問。
○のね◎―{スル、イ、ナ}のね？　のですね？　◇ひとりで<u>帰れる</u>のね？　道はたいらな<u>のです</u>ね？　●念押し的質問。
○の　◎―{スル、イ、ナ}の？、んですの？　◇おうちはわかる<u>の</u>？　その山は<u>高い</u>の？　そんなことをして、<u>平気な</u>んですの？　●主に幼児語、または女性語である。

【疑問詞と終助詞とで】疑問詞には、二つの系統がある。一つは、頭に「ど」がつくことばで、「コソアド」という指示の体系の中でも考えられるもの。いま一つは、指示する働きがなく、概念的な語であるが、概念の内容が定まらぬもので、不定詞ととなえてもよかろう。

(「疑問詞」「不定詞」の「詞」は、単に「ことば」という意味で、品詞の意味ではない。)

二類あわせて、疑問詞の数は少なくないので、一括して、表に示す。

	ド系統	不定詞
未分化	どう	なに
固体	どれ	なに、だれ
程度・量	どのくらい、どれくらい、どんなに	いくら、いくらぐらい、いかほど、なにほど、なんぼ
理由	どうして、どういうわけで	なぜ、なんで
方法	どうやって、	いかに
有様	どんな、どのような	
場所	どこ	
時		いつ

これら疑問詞が文中に置かれる位置は、文頭に出るものと、文中の然るべき所にあるものと、述語の中、したがって文の終末部に置かれるものとがある。(前に述べた倒置型はここから省く)

(1) **文頭型** 主語であれ、修飾語であれ、疑問の点をまずかかげるもの

◇何をこんな所でさがしているのですか。

◇どうして、雨は降るのですか。

(2) **文中型** 文の成分として、あるべき位置にそのままあるもの

◇こんな所で、何をさがしているのですか。

◇雨は、どうして降るのですか。

(3) **文末型** 意識的に問題点をつきつめて、それを述語にするもの

◇こんな所でさがしているのは、何ですか。

◇雨が降るのは、どうしてですか。

どれがいちばん自然でわかりやすい形かは、読者の環境や、文の長さによって違うから、一概にはいえない。

【疑問詞と推量判断の形とで】

雨はどうして降るのでしょう。

のように、疑問詞と推量判断とが呼応する場合、文末音調は降詞とな

第7章 結び文型 141

る。したがって、相手のない疑問判断との区別が、「だろう」の場合には、つかない。つかなくても、別にさしつかえはない。現に相手に聞こえるか、見えるかすれば、相手は、しぜんに考えるので、答えも得られるわけである。しかし、必らずしも、そう言って安心していられない場合は、充分大きな声で言うとか、相手の目をとらえながら言うとかの心構えが必要である。「か」をつければ、いちばん安全である。

【質問が他の意図に転ずる場合】

さきにも説明したように、否定語による質問は、さそいに転じやすい。質問の形をした叱責もあった。

「たらどうです」「ではどうだろう」なども、質問に答えさせようとしているのではなく、すすめたり、命令したりしている。そのほか、

◇おいおい、どこまでいくつもりだい。
◇いくつ食べたら気がすむんです。
◇君はどうしてそう物覚えがいいんだろう。
◇あの人、どこまでお人よしなんだろう。

などは、叱責とも違って、驚きや、からかいの気持の表現であるが、まともな答えを求めていない点は共通している。

第8章
局部文型（相）

45. 局部文型概観

　以上に述べた、起こし、選び、結びの各文型は、およそ文が存在する以上、どの文も、この三つの側面の文型をもつと考えられるものである。そして、これらは、性格こそ違え、どれも1文の陳述の完成に、直接関与するものである。（ただし、これは、わたしの構想の中で、そうなのであって、現実に存在する複雑怪奇な文、文、文が、すべて、以上述べてきた型で、すっきり整理できるということではない。本当のことは、大きな実態調査をしてみなければ、わからない。）
　このような、文存在の第一義に即した文型に対して、第二義的な文型が考えられる。それは、文表現の途中で、随時必要に応じて姿を現わすものであり、そこでそれなりの働きをすれば任務は終了し、文の基本的な構造には関係しないものである。これを局部文型とするが、型を分類して名を与える時に、「局部文型」は長すぎるから、これを「相」と名づけることにする。「相」の名に格別のいわれはない。いろいろに姿を変えて現われる「仮象」「見た目の姿」といった意味で用いた。
　文は、想が、流れながらことばになっていくものであるから、文が発話されている時には、文のどの部分にも、いつも、流れていく方向と、流れの勢いと、二つの力が働いている。方向は、構造と言いかえることもできる。
　そこで、局部文型たる相も、構造に関するものと、文勢に関するものと、二つに分れる。文の構造に関する相は、並びの相、注ぎの相、くくりの相に分れる。「並び」は並行（あるいは平行）で、一時、想が、ひたすら前進することをやめて足ぶみし、類似の想がいくつか並行し、並び終ってから、また前進することである。「注ぎ」は、一つの想がいま一つ別の想に吸収されて解消すること。「くくり」は、想

が一つのまとまりに達した時、そこで一応流れをせきとめて、ひとまとめにくくり、それを文の一要素として、また流れ始めることである。

第1節 文の構造に関する相

46. 並びの相

言語は、時間軸にそって、ひと筋に流れるものであるから、空間的存在物のように実際に並行することはありえない。しかし、われわれの発想には、並行状態がいくらもありうる。それを写すための文型を並びの相とし、これを次の6種に分ける。

【分化対立】

○は ◎－は－、－は－ ◇男の子 は くわをかつぎ、女の子 は なえ木をかかえている。右 は 絶壁、左 は 谷底の山道をバスは行く。
●対照的にものを見、故意にそう描く描き方。

【分化包摂】

○も ◎－も－も ◇村でも 町でも 大評判。あちらからも こちらからも やって来た。ここにも ある、そこにも あるという品物ではない。

【等価並列】

○や ◎－や－ ◇海や 山へ行く人たち、裏庭には、柿や 栗がなっている。女や 子供や 年寄りは気をつけて。

○だの ◎－だの－だの ◇地震 だの 洪水 だのと、ろくなことはない。

○の ◎－の－の ◇生きる の 死ぬ のと大さわぎ。義務 の 権利 のというむずかしい話はよそう。

○やら ◎－やら－やら ◇刀 やら ピストル やら、物騒なものばかり。行く やら 来る やらで大混乱。

○たり ◎－たり－たり ◇見 たり 聞い たりしたこと。

○とか ◎－とか－とか ◇うん とかすん とか言いなさい。辞書を引く とか 参考書を見る とか、方法はいろいろある。

【選択並列】

○か ◎－か－、－か－か ◇鉛筆 か ペンを持って来ること。学校 か 家 かにいます。

○または ◎―または― ◇はき物は、靴 または 草履のこと。
○あるいは ◎―あるいは― ◇米穀通帳、あるいは 身分証明書を持参のこと。
【比較並列】
○と ◎―と―と ◇国語 と 算数と、どちらがすきですか。
【累加】
○と ◎―と―、―と―と ◇空 と 陸から攻撃する。うさぎ と きつね とが連れだって歩いている。
○に ◎―に―に ◇うめ に 桜 に、もも に かき に、まだありましたね。
○し ◎―し―し ◇雨は降る し、足は痛い し、全く弱った。
○また ◎―また― ◇歌い、また 舞った。
○および ◎―および― ◇キリスト教、仏教 および 回教は、世界の三大宗教である。
▽連用中止の重ね ◇鳥がなき、花がさいて、今や春たけなわである。空は青く、空気は澄んで、実に気もちがいい。
▽終止形の重ね ◇力はある、金はある、これで人生がつまらないわけがない。なぐる、けるの乱暴を働いた。

47. 注ぎの相

文法的にいえば、連体修飾・被修飾の関係と、連用修飾のうちのいわゆる副詞的修飾と被修飾の関係とを、こう称した。特に副詞的修飾というわけは、格助詞によって、語が文中に位格を得る関係を、運び文型における「結合」としてすでに位置づけたからである。

【連体的注ぎ】
▽活用語の連体形 ◇あそこに建っている 家。青い 顔。きのう聞いた 話。
○の ◎―の― ◇大勢 の 命。あかず の 門。
▽連体詞 ◇曲った 釘。小さな 子。
▽体言の重ね ◇しゃぼん玉 人生。あすなろ 物語。 ●合して一語となる程度の長さのものであるから、これを、局部的にしろ、「文」の型と見ることは適当でないかもしれない。

【連用的注ぎ】
▽形容詞・形容動詞の連用形　◇青く　光る。りっぱに　しあげた。
▽副詞　◇もっとゆっくり　歩け。　●「もっと」が「ゆっくり」に注ぎ、「もっとゆっくり」が「歩け」に注ぐ。
▽感動詞　◇よーし、今に見ろ。さあ、これでいい。

48. くくりの相

文法的概念に押し当てれば、複文の従属文の中の一種になり、英文法的にいうと、名詞節（Noun Clause）に当たる。しかし、既成の概念に当てることは、大事な問題ではない。

【くくられて体言化する】　以下の文例では、くくられる一団の語を〔　〕の中に入れて示す。現実の文には、もちろん、こんな印はない。

▽疑問詞＋か　◇〔何が不服なのか〕言ってごらん。〔どこにあるか〕がわからない。〔どうしたらいいか〕考えてみよう。〔わたしが帰ったのがなぜだか〕わかりますか。〔おかあさんがどんなに心配しているか〕あなたは知らないでしょう。　●〔　〕は、疑問詞と「か」とで想をくくったものを、そのまま、くくってみせたもの。くくられたひとかたまりは、「不服の点」「ある所」「やり方」「帰った理由」「母の心配」のような体言に相当する。このくくり方をよく心得ることは、思想をまとめてから展開するために非常に大事である。

○か　◎かいなか、かどうか、─か─か　◇〔あなたが承知するか否か〕でこの問題はわかれます。〔出席するかしないか〕をきめてください。〔最初に宇宙へ人を飛ばすのはアメリカかソビエトか〕が注目される。〔学校が遠いか近いか〕は問題ではない。

▽形式名詞　◎こと、ところ　◇〔あなたが努力したこと〕は認めます。これで、〔人間に最も必要なのが誠実さであること〕がわかったでしょう。〔菜洗う「前に」と言わないで「前を」と言ったところ〕にこの句のおもしろさがある。　●「おもしろいことがある。」の「こと」は、くくっていない。「おもしろい」が「こと」に注いでいる。

○の　◎のが、のを、のに、のは等　◇〔わたしがここにいるの〕が見えないのですか。〔何か悪いことをしたの〕をかくしていますね。〔その子が犬をつれて歩いて来るの〕に出会った。〔君がえらいの〕

は先刻承知だ。〔落し穴があるの〕も知らないで走って行く。あの人は、〔一度も休んだことがないの〕で有名です。〔煙突の煙がまっすぐに昇っているの〕で、〔風のないの〕が知れた。　●条件帰結関係を表わす接続助詞の「ので」「のに」と偶然同じ形になるが、働きは違うことに注意（ただし発生的には、この形からそれら接続助詞が生じたものであろうが）。しかし、「ので」の2例など、事実、どちらにも解釈できる。ここに出した気持は、「日本はよい景色で有名」「足あとで居所が知れた」などの例で理解されよう。

【くくられて副詞化する】

○と　◎―｛スル、イ、ダ｝と言う、と思う等　●ふつう、会話のことばを引用するとき、カギ（「　」）でくくって、そのあとに「と」をつける。これが「と」のくくる力を如実に示している。「言う」「話す」「語る」「思う」「考える」等の語へかかるだけでなく、次のように使われる。　◇〔遅れてはならないと〕、急いで歩いた。〔働いてためた貴重な金だからと〕、さっそく貯金した。

○とおり　◇〔君も知っているとおり〕、くじらは魚類ではない。

○ように　◇〔世間でも、よくその例があるように〕、不利な条件のもとで努力した人のほうが成功する。

○ほど　◇世の中は、〔君が考えるほど〕甘いものではない。

第2節　文勢に関する相

49. 優勢の相

われわれが人に対する態度にも、上手(うわて)に出る、下手(したて)に出るということがある。強腰・弱腰、ともいい、高姿勢・低姿勢などということばもできた。また、同じことをやるのにも、勢いに乗じ、高揚した気持でやるときと、静観しながらエネルギーの消費を最小にとどめてやるときとある。このようなたとえで表わされるように、文というものも、ある力の顕現として見るとき、力の発揮され方に、勢いに乗り、拍車をかけた状態でなされるのと、力をセーブし、徐行しながら進行するのと、二つの状態が対照的に考えられる。その間に、ふつうの、いわば経済速度による運転状態があることは無論である。前者を優勢の相とし、後者を劣勢の相とする。優勢にも劣勢にも、言及する態度その

ものの優劣と、言及されることがらへの評価の重視・軽視とが区別される。

49.1　言及態度の重視による優勢化
【副詞で】
　多くは呼応形式をもつ。
○**あまり**　◎**あまり**——**ので、と**　◇<u>あまり</u>静かな<u>ので</u>、不安になった。<u>あまり</u>いそぐ<u>と</u>、つまづくよ。
○**せめて**　◎**せめて**——**でも**　◇息子に、<u>せめて</u>温かい飯<u>でも</u>食べさせてやりたい。
○**せっかく**　◎**せっかく**——**のだから、のに**　◇<u>せっかく</u>来た<u>のだから</u>、ひと目でも見せておくれ。<u>せっかく</u>勝っていた<u>のに</u>、あそこでころぶなんて。
○**どうせ**　◎**どうせ**——**だから**　◇<u>どうせ</u>間に合わないの<u>だから</u>、ゆっくり行こう。
◎**いっそ**　◇<u>いっそ</u>死んでしまおう。
◎**いうまでもなく、もちろん**
【感動詞・間投詞で】
○**だって**　◎**だって**——**なんだもの**　◇<u>だって</u>、あんまり<u>なんですもの</u>。　●攻撃と防衛の意識の強い現われ。
○**だから**　◎**だから**——**だろう、ではないか**　◇<u>だから</u>、言った<u>じゃないか</u>。　●頭からおっかぶせて言う。
【指示語で】
○**こ系**　◎**こう、これは、これだけ、こんな、この**等　◇<u>こう</u>暑くては、やりきれない。<u>これは</u>、恐れ入りました。<u>これだけ</u>言っても、まだわからんのか。<u>こんな</u>バカな話ってあるかい。<u>この</u>ろくでなし！　●指示する働きをこえて、あふれでる気持を「こ」の強い指摘に託す。
○**そ系**　◎**そう、それは、それほど、そんな、その**等　◇<u>そう</u>興奮してはだめですよ。<u>それは</u>そうにきまっているよ。<u>それほど</u>熱心なのなら、考えなおそう。<u>そんな</u>、君、無理を言っては困る。<u>その</u>速さ！

○あ系　◎ああ、あれだけ、あれほど、あんな、あの等　◇ああうるさくては勉強どころではない。あれだけ言っておいたのになあ。あんなやり方では、とても話にならぬ。あのざまを見ろよ。

【疑問詞で】

否定判断の強い表わし方、感動表出のし方などで疑問詞の働きを記した。これは、疑問詞が優勢化の働きをしていると見ることができる。今まであげなかったものとしては、

○どうも　◇どうもくやしい。どうもすみません。

○いくらでも　◇甘いものならいくらでも食べます。

○なんとしても　◇何としても勝ってみせる。何が何でもやり抜くぞ。

○なんぼなんでも　◇いくら何でもそんな悪いことはしないだろう。

○どんなことがあっても　◇どんなことがあっても、借りたものは返さなければならぬ。どんなことがあろうとも、途中で目をあけてはならぬ。

○どこもかしこも　◇どこもかしこも穴だらけ。どこからどこまでうまくできている。

【係助詞、副助詞で】

○は　◇いや、それはわかっているよ。そうは問屋がおろさない。スキーはすきだが、スケートはきらいだ。皮までは食べられない。　●肯否定する部分を特にとり立てて示す。

○も　◇見向きもしない。人をだまして、ああも平気でいられるものかね。どこにも見えない。君も来てたのか。　●否定するための極限を示したり、衝撃的な認識のし方を示したりする。

○こそ　◇これこそ男の中の男。目にこそ見えないが、秋が来ている。お客こそいい迷惑。　●ハイライト的示し方。

○さえ、でさえ、でも、だって　◇手に取ってさえ見ない。敵方さえ感心した。子どもでさえ知っている。夏でも寒い。だれだって同情する。

○くらい　◎くらい―ない　◇君くらいのんきな人はないね。

○どころか　◇食うに困らないどころか、大変な大金持ちさ。調べてみたら、模範生どころか、札つきの不良とわかった。　●同方向ではるかに強い程度を示そうとする場合（第1例）と、正反対の方

第8章　局部文型（相）　149

向を示す場合（第2例）とがある。

49.2 言及内容の重視による優勢化
これは、数量的な評価の表現に帰する。

【副詞で】
○すくなくとも　◇少なくとも十人ははいれる。少なくとも、わたしよりはうまい。
○優に　◇優に5時間はかかる。優に第一級の実力をもっている。
○はるかに　◇今のほうが、はるかに幸福だ。

【述語的叙述で】
○に達する、に及ぶ　◇百人に達する死傷者。橋の長さは千メートルに及ぶ。
○をこえる　◇総額は一千億円をこえる。
○にかぞえられる　◇四天王のひとりにかぞえられる。

【副助詞、接尾語の類で】
○も　◇トンネルを抜けるまで10分もかかった。相手は5人もいる。
○あまり、余　◇財布には千円あまりはいっていました。完成までには6か月余かかる。
○ほど　◇あなたほどの人は、そうざらにはいない。

50. 劣勢の相
50.1 言及態度の軽視による劣勢化

【感動詞・間投詞で】
○さよう　◇さよう……そんなところですかね。
○まあ　◇まあ、いいでしょう。まあまあ、そこをがまんして……。
○いや　◇いや、その、ちょっとね。
○なに　◇なに、大したことはないんだ。

【疑問詞で】
○どういうものか　◇どういうものか、うまくいきませんで。
○どうかすると　◇どうかするとね、そんなこともあるんですよ。
○なんというか　◇何と申しますか、そこが、いわゆる第六感ですよ。
○なんですか　◇何ですか、うわさは聞くようですね。何ですか、こ

の辺がすこし痛いように感じます。

　ここにあげたのは、いずれも、問題の焦点をぼかすような言い方のために疑問詞が使われた例である。

【副助詞で】
○も　◇そうですねえ、5本<u>も</u>あればたりるでしょう。きょうあたりは、天気<u>も</u>いいようですから……。　●「5本あれば」「天気がいい」というと、あまり問題を限定するので、印象をやわらげるため、「も」が使われている。同じ語が優勢にも劣勢にも働くことがおもしろい。以下もそうである。
○ほど　◇15分<u>ほど</u>歩くと、塔が見えて来た。
○ばかり　◇5人<u>ばかり</u>、来てくれませんか。
○くらい　◇その<u>くらい</u>で結構です。あれから2週間<u>ぐらい</u>たっただろうか。

50.2　言及内容の軽視による劣勢化
【副詞で】
○ただ、たった　◇生き残ったのは、<u>ただ</u>ひとりだった。<u>たった</u>それだけ!?
○せいぜい、たかだか、たかが　◇この車のスピードは<u>せいぜい</u>40キロどまり。<u>たかが</u>1万円の月給ではとても暮せない。
○多くて　◇私の予想では、<u>多くて</u>十人ですね。
○ぎりぎり　◇取れても、<u>ぎりぎり</u>50点がいいところだ。
○どうにか　◇<u>どうにか</u>人なみというところ。
【副助詞、接尾語の数で】
○だけ　◇たったこれ<u>だけ</u>か。　●「あな<u>ただけ</u>が頼りだ。」はむしろ優勢（態度のほうで）と見られる。微妙な変化である。
○しか　◇ふたり<u>しか</u>受からなかった。
○ばかり、っぱかり　◇あれ<u>ばかり</u>（<u>っぱかり</u>）の財産に執着しても、しようがない。
○たらず　◇一村合わせて家は10軒<u>たらず</u>。
○こっきり　◇財布の中は100円<u>こっきり</u>。
【述語的叙述で】

○**にすぎない** 不参加者は1割に過ぎなかった。わたしは、事実を言ったにすぎない。
○**しかない** ◇しょせん無力な人間でしかないことを忘れないように。
○**だけだ** ◇あとには、ねずみのしがいが一つ残っているだけだった。いやだからいやだと言っただけです。
○**にとどまる** ◇善戦したが、4位にとどまった。

51. 相についての余論

　ここに相として提出したことがらには、未解決の問題がたくさん含まれている。わたしの研究は、この方面で特にまだ未熟であって、本当は、まだ発表の段階に来ているとは言えないが、お互いが文章を研究するのに、未熟な考えでも提出したほうがいいと考えて、あえて、一応まとめた。用語も、いたずらに奇異に見えるかもしれないが、わたしの考え方を示すのには最適な名と思って用いた。もちろん、試験的使用の範囲を出ない。未解決の問題に、例えばこんなことがある。

　◇あれだけの人だから……。
という言表があるとする。これは、少なくとも三つの意味にとれる。

（1） あれほどえらい人
（2） あれっきりで、あれ以上のことはない人
（3） あれ以上でも以下でもない、まさに、あれだけの人

　音調の区別では（1）が「アレダケノヒト」でアクセントが「アレ」にある。（2）と（3）の区別はつきかねるが、「アレダケノヒト」でアクセントは「ダケ」にある。

　さて、この場合「だけ」の文勢における働きはどうか。まず（2）が、言及内容の軽視による劣勢化であることは動かない。（1）が優勢であることも確かだが、これを態度的な重視と見るか、内容的な重評価と見るか、わたし自身まだはっきりしない。（3）は、はっきり限定するのであるから態度（言及のし方）の優勢化と見たいが、あるいは、文字通りの意味であるから優にも劣にも、働いていないと見るべきかもしれない。

　こういうことが解決できないまま、問題を提出したのは恐縮であるが、こんな点から言語の現象を見てみようという提案なので、今後研

究を深めたいと思う。

第3部　文型による学習

第9章
表現力を養う学習

52. 文型練習

　文型ということから、すぐに、文型練習が思い浮かぶ。もともと、文型は、文型練習による反復訓練によって、その言語の使用に慣れるために、研究されたものと見てよかろう。だから、文型は、外国人に言語を教えるときになって、はじめてその存在と、存在のありがたみがわかるのである。逆にいえば、外国語を学ぶときに、その言語の文型をつかみたいという欲求が起こるわけだ。自分の国の言語の学習に、文型が何の役に立つだろう。文型として与えられるくらいのものは、子どもといえども生きたことばの中で、とっくに毎日使いこなしているではないか。そう思って、わたしは、はじめ、国語における文型の学習をばかにしていた。

　しかし、文型そのものも、まだ日本語では、はっきりしないのだから、ともかく文型とは何か、国語にどんな文型があるか、それをさがしてみようと、小学校の国語教科書を材料にして、調べ始めた。調べてみると、なかなかどうして、文型とは、その国のことばの秘密を宿した、大変な存在であることがわかってきた。そして、今まで興味をいだいていた文法学について、それが本当に生かされるのは、文型の研究においてではないかと考えるようになった。文法とは、名のとおり文が成立するときの法則、文が成立するときに語が相互に関係し合うし方の法則である。ならば、文はどの文も、何かの文型をもってできあがるはずなのだから、文法学は、文型を記述するための基礎科学だと言うことができる。少なくとも文型の立場から見れば、そうである。

　ちかごろ、文法学習や、言語の系統学習のかけ声がさかんである。しかし、どうすることが文法学習であるか、実際には、まだよくわかっていない。現場から、そのテコ入れを要望する声がよく聞かれる。

必要は感じられるが、どうしたらいいか、わからない。ということは、国語教育の基礎になる理論に、どこか大穴があいている証拠である。その穴をうめる一つの方法は、文型の理論をしっかりきずくことであると、今は、わたしは考えている。それは、同時に、文型に対するわたしの考え方が変って来たことである。

　はじめから「基本文型」を考え、「―ハ―ダ」「―ガ―スル」「―ヲ―スル」など、かたこと練習の型見本のようなものを頭においていたから、自国語の学習には無力と考えたのであるが、性急な「基本」さがしをしないで、まず言語の実態をと考えると、実にいろいろな姿の文型が見出されて来る。それが基本であろうが、なかろうが、見つかった一つの型について、考え方の練習として、文型練習をすることは、国語教育で常時行なうべき、基礎学力養成に役立つはずである。そのためには、文型練習の方法が、組織的に組み上げられなければならない。わたし自身は、文型に興味をもち、一応自分の考える文型を記述した。しかし、もしこれだけで終るなら、これを読まれた現場の方々には、また一つ厄介な文法学説が出て来たと感じられるだけかもしれない。それでは相すまない。この文型でこう練習すれば、こういう力がつくはずだという学習上の方法論を立てなければならない。そうしたいのだが、まだそこまで手が回らない。他日機会があれば、それ専門に考えることにして、ここでは、わずかなページのうちに、一応の見通しを、今気がついている範囲内で記すことにする。

53. 言いかえ法

　一つの思想のまとまりは、一つの文型でしか言い表わし得ないということはない。多少ニュアンスは変るにしても、大体同じことが、いろいろな形で言える。その言いかえをするのが、言いかえ法である。国語における文型練習では、ともかく言えればいいというものでなく、自分の表現を批判的に見る余裕がなくてはならない。教師と生徒との問答で、「これを言いかえたら？」「そうも言えるな。ほかに？」と、どんどん流れ去ってしまったのではいけない。もとの表現と、言いかえた表現、自分の言いかえたのも、友だちの言いかえたのも、言いかえそこなったのも、みなノートに記しとめさせる。言いかえそこなっ

たのは、どの点がわるくて、どう意味が変ったか、きちんと指摘され記録にとどまらなくてはならない。文型に即した言いかえでは、どんな点に着眼したらいいか。

53.1 　肯否定をめぐる言いかえ
　肯定・否定は判断の基本であるから、その判断の下し方を注意深く、そして明瞭にさせることが必要である。
　　　象は陸上動物の中でもっとも重い。
は、同じ肯定判断で
　　　象は、ほかのどの陸上動物より重い。
　　　象は、重さでは陸上動物中第一である。
　　　象に比べれば、ほかの陸上動物はみな軽い。
などと言える。否定判断にかえれば、
　　　陸上動物の中で、象ほど重い動物はない。
　　　どんな陸上動物も、象ほど重くはない。
などとなる。しかし、もし「重い」は「軽くない」に変えられると思う児童がいて、
　　　象は陸上動物の中で、もっとも軽くない。
と言いかえたらどうだろう。ここには二つの誤りが含まれている。一つは、「重い」は「軽くない」とイコールではないこと。いま一つは、「もっとも軽くない」は「最軽ではない」ともとれ、そうなれば全くもとの意味がくずれてしまうこと。
　これはうまい例でなかったが、肯定・否定をめぐる言いかえは、考え方とことばとの関係について、思わぬ面でいろいろなことを教えてくれるものである。

53.2 　結合の様式をかえること
　　　私はそこでこの虫を見つけた。
は、多点結合型の文である。これを
　　　これは私がそこで見つけた虫だ。
　　　私がこの虫を見つけたのはそこだった。
　　　私がそこで見つけたのがこの虫だ。

そこが、私がその虫を見つけた場所だ。
　そこでこの虫を見けつたのは私だ。

などと、二点結合型で言いかえることができる。「は」と「が」の違いなども、むずかしいことはいわなくても、しぜんとその使い分けに興味をもたせることができる。これら言いかえの間に、「の」のくくる働きや、ことばの流れの注ぎ・注がれる関係にも気がつくであろう。

　ふつうに記述された文の、特定部分に注目して、そこから定義を導き出し、また、定義を命名に変えることも考えられる。

53.3　連結・展開の関係をめぐる言いかえ
　　宿題を仕上げて清々した。
は複線連結型の文である。これは
　　宿題を仕上げたら、清々した。
　　宿題を仕上げたので、清々した。
　　宿題が仕上がったので、清々した。
のような条件帰結関係に言いかえられる。

　条件と帰結の関係をよくつかむには、帰結から条件を指摘するように言いかえることが有効だ。
　　疲れていたから、バスに乗った。
から、
　　バスに乗ったのは、疲れていたからだ。
　　バスに乗らなければならないほど疲れていた。
　　バスに乗らなかったら、とても疲れてやりきれなかっただろう。
等のことがいえる。

　また、条件帰結の関係では、言いかえのほかに、そこから導き出せることがらを認識することも大事である。
　　頭も体もよくなければ、りっぱな仕事はできない。
に対して
　　頭だけよくても、りっぱな仕事はできない。
は、言いかえにはならないが、導き出される結果としては正しい。何が導き出され、何は導き出されないか、そのけじめをしっかりつかむ

ことは大切な学習である。

53.4 文の合成と分解

　　ベルが鳴った。まだ、幕は上らない。

は、文の力強さや効果を別にすれば、

　　ベルが鳴った。だが、まだ幕は上らない。

　　ベルが鳴ったが、まだ幕は上らない。

　　ベルが鳴っても、まだ幕は上らない。

　　ベルが鳴ったにもかかわらず、まだ幕は上らない。

　　ベルは鳴ったけれども、幕はまだ上らない。

等と言いかえることができる。また、この反対のコースをたどることもできる。分解と合成で、条件と帰結の関係を見きわめたり、事実を条件帰結関係でとらえたりする力を養うことができる。また、分解・合成は、

　　花がさいている。美しい花。におうような、色合いだ。

を、注ぎの相を作ることによって、

　　におうような色合いで、美しい花がさいている。

　　におうようにさく、その花の色合いは、本当に美しい。

等と言いかえられる。

53.5 疑問詞の位置をかえること

　黒板に数字だけ書くことを許して、ふたりの子どもにパントマイムをさせるとする。Aは30円持っている。Bは10円。AがいくらかBに渡したら、ふたりのもち金は同じになった。その金額をみんなに問う身振りをすれば、ひとり残らず、たちまち10円と答えるであろう。こういう問題設定がわかってから、さて、今の問題を文章にしてごらんと言う。その場合、「いくらあげたら同じになるでしょう。」「同じになりました。いくらあげたのですか。」「あげたのはいくらですか。」など、疑問詞の位置がいろいろになるであろう。疑問詞の有効な使い方、わかりやすい位置について考えさせることができる。

53.6 注ぎとくくりの関係を考えること

　君の元気な姿を見て安心した。
　大会で優勝したＡ君のことは、だれでも知っている。
　高いていぼうで、川からあふれる水を防いでいる。

これらの文は、いずれも注ぎの相を含んでいるが、これを、

　君が元気な<u>の</u>を見て安心した。
　大会でＡ君が優勝した<u>こと</u>は、だれでも知っている。
　高いていぼうで、川から水があふれる<u>の</u>を防いでいる。（あふれない<u>ように</u>……）

のように、くくりの相に変えると、（第２例など、表現の主眼点は少し変るけれども）別な角度からの把握によって、語の相互関係をつかみなおすことができる。

53.7 優勢・劣勢の相をかえてみること

｛ これ<u>だけしか</u>なくて、どうもすみません。
　 いや、それ<u>だけあれば</u>、充分です。

｛ きょうの試験、80点<u>も</u>とったよ。
　 なに、<u>たった80点</u>？

　同じものに対する評価の違いで、優勢にも表現でき、劣勢にも表現できる。こういうことは、人間関係の常として、だれもがいつも経験していることなので、言いかえは容易であり、またおもしろい。単純な一文だけのことでなく、一つの文章全体を流れる調子にも、優勢的もの言いと、劣勢的もの言いとがある。そのように立場を変えて、同一の事態を一度は、明るい面を見て描き、一度は暗い面を見て描く、ほめて書く・けなして書く、大げさに言う・事もなげに言う等、対照的な描き方・叙し方を、いろいろ試みることは、ものの見方を深めるために、大変大切である。

54. 着せかえ法

　言いかえ法は、同一の事態をめぐったり、同一の結果になることを目ざしたりして、いろいろな表現法を試みるわけである。着せかえ法といったのは、これと違って、一つの小さな描叙を核にして、これに

違った判断、違った表出態度、違った伝達形式をいろいろかぶせかえるのである。人間が生れた時の赤はだかから、ふだん着、冬服、夏服、結婚衣裳から経かたびらまで、いろいろなものを着て、その時その時の用を弁ずるのに似ているので、着せかえと言ってみたのである。これは、一々例示をするまでもない。

「雨」が提出されれば「降る」が呼び出される。そこに「雨が降」という描叙ができて、まず「雨が降る。」という単純な肯定判断が成り立つ。否定すれば「雨が（は）降らない。」過去認定すれば「雨が降った。」希望にすると「雨が降りたい。」この服はいささか似合わない。服に合わせて体の方を変えてみる。「雨を降らせたい。」服に体を合わせるのはしゃくだからと、服の方を選びかえれば、「雨が降るといい。」「雨が降らないかなあ。」……といった調子でやってみるのである。

55. 創作法

言いかえも着せかえも、しょせん小手先・口先の仕事だと言えば言える。文型が、そのような、いわばワークブックの役にしか立たないのでは残念であるが、わたしは、そこで終るとは思わない。

55.1 絵ばなしと文型

低学年の児童には、よく、絵ばなしをさせるであろう。その場合、思いつくままに話させることも必要だが、ただそれだけだと、おしゃべりな子ばかりがしゃべることになるであろう。いくら、とうとうとしゃべっても、口から出まかせのようなおしゃべりでは、本人の心にも、何も残るまい。やはり、話すことに構造意識をもたせる必要があるだろう。そのささえに、文型が使えると思う。一枚の絵に、いくつかの文型をヒントとして与える。「何が何をしていますか。」「何が何に何をしていますか。」「何と何とが、どこで、どうなっていますか。」等の質問は、文型を与えることである。「太郎君と次郎君がけんかをしています。」と答えたとする。「なぜでしょう。」と聞くと、幼児ならば「ぶったの。」とか、「いじわるした。」とか、それだけを答えて、自分のことばで因果を結びつけることができないかもしれない。だか

ら、「どうしたから、けんかをしたのでしょう。」と聞いて、「太郎君がぶった<u>から</u>。」とそこまでは出させたい。さらに、「ぶった<u>から</u>？……終りまで言いましょう。」「太郎君がぶったから、次郎君がおこって、けんかしました。」「よく言えました。ほかに『から』を使って言える人。」というように、文型をヒントにして文を出させ、出た文から文型をつかんで、充実させる。その中から、必らず、また別の大事な文型がつかみ出せるに違いないのである。

　絵が、何枚かの続きものであれば、時間的発展が必らずあり、人間関係の変化が起こる。会話が必要になる。太郎君は次郎君に、どんな気持で、何と言っただろう。次郎君は、それをどう感じて、どう言い返しただろう。そう考えさせていけば、当然いろいろな判断形式や、伝達の形式が現われるだろう。現われたら、それを聞き流さないで記しとめ、充実させる。

　　55.2　ある言表の前とあと
　高学年の児童ならば、文の起こしの姿勢に関心をもつようになるだろう。物語のはじめには、どんなことばが多いか。話題が転じる時には、どんなことばが多いか。そういうことは、聞き取りや読解の中から、しぜんにつかみ取れるであろう。また、それらのことばに応じて、あとを待ち受ける気構えもできているであろう。「『むかし、ある国に……』はい、あとを続けてごらん。」児童が「王様がありました。」とか「大地震がありました。」とか、いろいろのことを言うだろう。それを受けて、「王様には……」「この地震のために……」とか、であとを続けさせる。相手の出方に応じて、それをまた次に発展させるきっかけを与えて、あとを続けさせる。これは、文型の一端を示して、文脈と、文型の起動された勢いとによって、文を作らせていくのである。
　また、そこに至るまでの文の流れを考えさせることもよかろう。「『老人は、まだ振り向こうともしない。』はい、この前は？」そうして、次第に前へ前へとさかのぼらせる。

　　55.3　ものを見る目
　このような練習がつまれるにつれ、既成作品の文章を見る目が、次

第に細かく、鋭くなるであろう。ある文章の中のある文が、どうしてそういう文型で作られているか、これをほかの型に変えても言えるか、言ったら、文章全体をよくするか、わるくするか、そういうことを、時に応じて考えさせる。もし、自分や友人の作文についてそれをすれば、文は、なおせばなおすほど、よくなっていくであろう。しかし、既成作品の文章は、おいそれと、改善することができないだろう。そこで、児童は文章の苦労の尊さを知るであろう。問題は、読解にかかわって来る。

第10章
読解を深めるための学習

56. 文章の展開するすがたをとらえること
次のような文章がある。(豊島与志雄「天下一の馬」)
　①ある山里に、甚兵衛という、たいそうのんきな馬方がいました。②お金がある間は、ぶらぶら遊んでいて、お金がなくなると、働きました。③ところで、甚兵衛は、一ぴきのすばらしい黒毛の馬をもっていました。④親ゆずりの田畑を売りはらって買い取った馬で、甚兵衛は、この馬がじまんでした。⑤甚兵衛は、この馬に山から出る材木を引かせて、二十キロばかり先の町へ運ぶのを仕事としていました。
　⑥冬のある日、甚兵衛は、いつものとおり、材木を荷車に積み、町へ出かけて行きました。⑦その帰りのことです。
　⑧人通りのたえた、たそがれの道を、とあるがけ下までやって来た時のことです。⑨がけのすその草むらの中から、うっすらと積もっている雪の上に、ねこぐらいの大きさのまっ黒なものが、いきなりとび出して来て、甚兵衛の前に両手をついて、ぴょこぴょこおじぎをするではありませんか。
　「⑩馬方の甚兵衛さん、お願いですから、助けてください。」
　⑪初めびっくりした甚兵衛は、話しかけられたので、なおびっくりしました。⑫立ち止まって、よく見ますと、人間ともさるともつかない顔つきをし、からだのわりに、みょうにひょろ長い手足をしています。

すらすらと読めば、それっきりであり、一読者としては、それでいいのであるが、時には、このような物語文の展開のあとをたどるのもいい。①は典型的な始発型の文で、物語の始まりにふさわしい。空間場面の設定から始まる。②は、無主語文たることをもって、承前のすがたを示す。金のある時の状態と、ない時の状態とを「て」が連結している。後者が話の場面になる主要関心事であることを示すのに、

「――と、――た」の述定条件順断定型が役立っている。③の承前記号「ところで」は、小転換をもたらして、次第にシテを登場させる準備をする。④は連結型の文で、前半は無主語の承前型で前の補充をし、後半は多点結合型の文になって、甚兵衛と馬とがともに主要登場者として密接な関係で描かれる。⑤はこの段落中もっとも説明的な文で、そこに、「～のを仕事としていた」言いかえれば「～のが仕事であった」「仕事は～ことであった」という定義的同定認識が含まっている。⑥は第2段の語り始めで、時間場面の設定で始発する。⑦は、文頭の「その」が承前機能を果すとともに、この無主語文が、以下の場面設定の始発となる。つまり、⑥⑦は合して1個の始発文である。さらにいえば、①～⑦が全体合して、文章全体における始発文となっている。⑧はいよいよ微細に場面を設定して、関心を以下へつなぐ始発型の無主語文。⑨は複線連結型の文で、前文は「草むらの中」「雪の上」「まっ黒なもの」の3点を結ぶ多点結合型の文。この3点は、読者に情景をありありと描かせる拠り所となる。後文の結びは「ではありませんか」という反問による押しつけで、これは、作者から読者への語りかけの表われである。語りかけの内容に作者の驚きの表出があり、それは、とりもなおさず甚兵衛の驚きである。ここから、作者が甚兵衛の目を己れの目として描き始めたことがわかる。⑩は確認条件順推量型に属する依頼文形式の典型。初めての会話で、物語の舞台にあかりがつく。⑪の主語には、「初めびっくりした」という修飾語が注いでいる。「甚兵衛は、初めびっくりしましたが、」とするより、「びっくり」から出たほうが、効果的であることは、すぐわかる。⑫は確認条件不定断定型の文である。「よく見ますと」という条件確認の中に、「さて、いったい何者だろう」という不定方向の期待がはっきり読みとれ、読者も甚兵衛とともに同じ期待を持つ。帰結文は客観描写であるが、そのまま、甚兵衛が認知した内容である。

　こう見てくると、作者（語り手）が遠景から近景を描き、そのものにスポットをあて、いつの間にか主人公の目をもって描き、読者をも主人公と一体にさせていく技術を認めることができる。文学の中核をなすものは、人間的な動きへの関心（インタレスト）である。その関心を呼び起こすのに、ことばがどう働くか、文型の面からも追求する

ことができる。

57. 文章の個性を知ること

　文章をこのように分析的に見ていくと、その文章を書いた人の作意がわかってくるであろう。すなわち、作者が読者をどう頭に描き、読者にどういうイメージを描かせようとしているか、そのような表現行為をした作者の動機は何であったか。どういう所に作者の気づかぬ自己がにじみ出ているか、──そういう、文学批評として相当高度な作業にも進んでいくことができるであろうと、わたしは期待している。（例を出す余裕は今はない。）

58. 追体験を豊かに、音声に敏感に

　読者が作者の息吹きにふれ、作者の意のままに、感じ、考え、登場人物の心を心として、喜び、悲しむことを追体験といい、特に文学作品の読みとりでは、これがもっとも大切である。追体験しながら読んでいるとき、人は必ず心の中で声を出している。いかに黙読といっても、新聞記事を走り読みするときの黙読とは違う。だから、自分が読んで感動した作品は、ひとにも読んで聞かせたくなる。それが朗読である。朗読は、ただ音声をもって他人に伝えるだけではない。自分の感動の表現である。その場合、もっとも大事なのは、プロミネンスとイントネーションである。プロミネンスとは、文の特定の語や部分を、特に卓立し、強調することであり、イントネーションとは、文末の言いおさめ（あるいは、句末の小休止）における音の上がり下がりをいう。いちいちの語のアクセントは、方言によって異なり、必ずしも無理に標準アクセントに統一しなくてもよかろうが、表現意図をそのままに表わすプロミネンスやイントネーションは、そうそう地域によって違うべきものでない。それで、本書では、音調の表記を、かなりくわしくしたのである。劇のことばなども、こういう点からじっくり研究さるべきものである。いわゆる朗読調とか、劇らしいセリフ回しとかいうことではなく、この場合のこのことばは、どういう意図で語られたか、その意図はどういう音調で表わされるかを、多面的に研究していくべきである。

こういうと、文学のことばかり言っているようだが、そうではない。説明的な文章を朗読するには、それにふさわしい、まさに正確な音調が必要である。このことの大事さ、むずかしさは、文学的文章の場合にまさるとも、劣ることはない。わたしは、夏目漱石の、「私の個人主義」のような、講演された文章がたいへん好きである。あれなどには、漱石が聴衆に自分の考えを伝えるために用いたことばの技巧（論の立て方から含めて）が非常によくみのっている。自分もこんな講演をしたいものだと思うくらい、ひきつけるものがある。こういう文章を読むときの音調も、研究すべき大切なことがらである。文型の学習は、生きた話しことばの学習にも、きわめて必要である。

第11章
教師の目を肥やす

59. 児童の表現力を見る目

　話し方や作文を通じて、児童の表現力を伸ばしていくためには、表現力を正しく評価する力と方法をそなえなければならない。その評価法について、ここで論じようとは思わないが、ここで、文型についての観察が、その大事な一面になることだけ、言っておきたい。ある児童がいかに作文を好み、長い文をものす力があっても、そこに使われる文型が単調であれば、それは、その子がものの見方や発想において、片寄っており、浅薄で、将来の発展性がとぼしいことを物語っている。

　文型の調査を簡単に行なう方法を、わたしはまだ知らないので、あまり大声では言えないが、ある程度直観的でもいいから、時々児童の用いる文型に注意してみる必要があるだろう。そして、文型の変化のとぼしい児童には、その面からの指導も必要であろう。

60. 教材を見る目

　前章で読解と文型について述べたことは、文型による国語の教材研究をいったわけである。しかし、教師は国語の教師であるだけでなく、全教科の教師であり、科外読み物の教師でもある。ときには、科外読み物を文型の観点からながめてみる必要がありそうだ。

　一時期の男の子がどうして漫画にいかれるか、女の子がどうして少女小説のとりこになるか。それらにとらえられた少年少女の表現活動はどんなか。考えてみる必要がある。漫画的思考というもの、少女小説的感じ方というものがある。それを盛りこむべき文体がある。文体をささえる文型がある。あるだろうと思う。

　伝記とか歴史とかの本は、ただ事実だけを列記しているのではなくて、ある見方で人や社会を見、ある語り方で、読者に語るものである。語るには語る姿勢があり、その文章には、それらしい文型があるだろ

う。社会科的な本だから記述面はどうでもいいというものではない。

　このようにいっても、文型の観点から、広く科外読み物をながめる能率的方法は、まだわからない。これは、ごく抽象的に、問題を提出しただけである。

第12章
参考――ホーンビーの英語文型

61. ホーンビーを紹介するわけ

 われわれに、英語の文型について教えてくれた3人の学者がいる。イギリス人、ハロルド・E・パーマ (Harold E. Palmer)、同じくイギリス人アルバート・S・ホーンビー (Albert S. Hornby)、それにアメリカ人、チャールス・C・フリーズ (Charles C. Fries) である。パーマは戦前、日本に来て英語教育に大いに働いた人、ホーンビーはパーマを受けついだ人で、その文型研究は、戦後発表された。フリーズは、とくに外国語教育としての英語教育の方法を考えた人で、その説は、戦後日本に紹介された。

 言語の構造は英語と日本語で違うけれども、文型という概念の本家がむこうにある以上、英語で、どんなものが文型と考えられているのか、一応知っておかなければならぬ。パーマとフリーズについては、その概略が、「コトバの科学」(中山書店、全8巻) 第7巻「コトバの教育」に紹介されている。だからというのはずるい言い方で、実はわたしは、このふたりの説については、よく知らない。ホーンビーには、「英語の型と正用法」(A Guide to Patterns and Usage in English)(研究社) という本があり、紹介しやすい形で文型がまとめてあるので、その概略を紹介する。ここでは、動詞、名詞、形容詞に注目して文型を抽出してあり、その他表現意図に即した言い表わし方がまとめてある。以下に、動詞の型 (Verb Pattern)、名詞の型 (Noun Pattern)、形容詞の型 (Adjective Pattern) をあげ、文例を一つずつそえる。

 紙面節約のため次のように、略語を使った。

主　　主語　　　　　Subject
動　　動詞　　　　　Verb

体	体言	(Pro)noun
直目	直接目的	Direct Object
間目	間接目的	Indirect Object
補	補語	Complement
現分	現在分詞	Present Participle
過分	過去分詞	Past Participle
名	名詞	Noun
形	形容詞	Adjective
副辞	副詞的辞	Adverbial Particle
副補	副詞的補語	Adverbial Complement
to 不	to 不定法	To-infinitive
疑	疑問詞	Conjunctive
述内容	述語の内容	Predicate
前	前置詞	Preposition
前目	前置詞の目的	Prepositional Object

62. 動詞の型

1 主×動×直目　　I | know | your name.
（君の名を知っている。）

2 主×動× to 不　　It | has begun | to rain.
（雨が降り始めた。）

3 主×動×体× to 不　They | warned | me | not to be late.（彼らは、私が遅れぬよう、注意した。）

4 主×動×体×述内容　Most people | supposed | him | (to be) innocent.（たいていの人は、彼が無実だと思った。）

5 主×動×体× to 不　Did you | see | him | go out ?
（彼が出て行くのを見ましたか。）

6 主×動×体×現分　I | saw | the thief | running away.
（賊がにげて行くのを見た。）

7	主×動×体×形	Open | your mouth | wide. (口を大きくあけなさい。)
8	主×動×体×体	We | appointed | him | manager. (彼をマネージャーに指名した。)
9	主×動×体×過分	I | heard | my name | called. (私の名が呼ばれたのを聞いた。)
10	主×動×体×副辞	Put | your hat | on. (帽子をかぶれ。)
11	主×動× that 節	I | suppose | (that) you will be there.（君がそこにいるだろうと思っている。）
12	主×動×体× that 節	They | told | me | that I was too early.（私が早すぎたと、みんなが私に言った。）
13	主×動×疑× to 不	I | wonder | how | to get there.（どうやったら、そこへ行けるかしら。）
14	主×動×体×疑× to 不	I | showed | them | how | to do it.（やり方を彼らに教えた。）
15	主×動×疑×節	I | wonder | why | he hasn't come.（彼はどうして、来なかったのだろう。）
16	主×動×体×疑×節	Ask | him | where | he put it.（どこに置いたか、彼に聞きなさい。）
17	主×動×動名詞	She | likes | swimming. (彼女は水泳がすきだ。)
18	主×動×直目×前×間目	I | don't lend | my books | to | anybody. (私はだれにも本を貸さない。)

第12章　参考――ホーンビーの英語文型　175

19 主×動×間目×直目　　　Don't give | yourself | airs.
　　　　　　　　　　　　（気どるな。）

20 主×動×(間目)×(for)×副辞　The work | took | (them) | three hours.
　　　　　　　　　　　　（その仕事は3時間かかった。）

21 主×動　　　　　　　　Fire | burns. （火がもえる。）
22 主×動×述内容　　　　This | is | a book.
　　　　　　　　　　　　（これは本だ。）

23 主×動×副補　　　　　Come | in. （おはいり。）
24 主×動×前×前目　　　You | can rely | upon | that man.
　　　　　　　　　　　　（あの人は信頼できます。）

25 主×動× to 不　　　　I | stood up | to see better.
　　　　　　　　　　　　（もっとよく見ようと、立ちあがった。）

63. 名詞の型

1 名× to 不

　名が動に転ずる　　　　His refusal to help was a disappointment.
　　　　　　　　　　　　（彼が援助をことわったのにはがっかりした。）

　名が形に転ずる　　　　His anxiety to go was obvious.
　　　　　　　　　　　　（彼が行きたがっているのは明らかだ。）

2 名×前×体　　　　　　She has no idea of the value of money. （彼女は金のねうちを知らない。）

　　　　　　　　　　　　There is no need for anxiety.
　　　　　　　　　　　　（心配する必要はない。）

3 名× that 節　　　　　There can be no doubt that he is intelligent. （彼が賢いことは疑う余地がない。）

4 名×（前）×疑×句、節   There have been no news about when the lecture will arrive.（講師がいつつくかの知らせはなかった。）

64. 形容詞の型

1 形× to 不

    体×動×形× to 不   You | are | very kind | to say so.（そう言ってくださるとは、ご親切な。）

    不定法が本動詞の主の行動内容   We | are | glad | to see you.（君に会えて、うれしい。）

    be × too ×形× to 不   This book | is | too large | to go in my pocket.（この本は大きくて、ポケットにははいらない。）

    be ×形× enough × to 不   This book | is | small enough | to go in my pocket.（小さいから、らくにポケットにはいる。）

    be × so ×形× as × to 不   Will you | be | so kind as | to lend me your pen?（ペンをかしていただけませんか。）

2 形×前×体   Aren't | you | ashamed | of | your behavior.（自分のしたことが恥ずかしくないのですか。）

3 形×（前）×節、句   She | was not aware | (of) | how much her husband earned.（彼女は夫がいくらかせぐのか知らなかった。）

引用及び参考文献

岡本千万太郎　「日本語教育と日本語問題」　昭 17　白水社
オグデン C. K.（高田力訳）「ベーシックの ABC」　昭 9　研究社
木枝増一　「高等国文法新講品詞編」　昭 12　東洋図書
国際文化振興会（湯沢幸吉郎）「日本語表現文典」　昭 19　国際文化振興会
国立国語研究所　「現代語の助詞・助動詞」　昭 26　秀英出版
国立国語研究所　「話しことばの文型（1）」　昭 35　秀英出版
輿水実　「日本語教授法」　昭 17　国語文化研究所
佐久間鼎　「日本語の言語理論」　昭 34　恒星閣
青年文化協会　「日本語基本文型」　昭 17　国語文化研究所
土居光知　「日本語の姿」　昭 18　改造社
時枝誠記　「国語学原論」　昭 16　岩波書店
永野賢　「学校文法概説」　昭 33　朝倉書店
新津米造　「新英文法総覧」　昭 27　北星堂
ホーンビー A. S. 「英語の型と正用法」　昭 31　研究社
堀川勝太郎　「基本文型による読解指導」　昭 32　明治図書
松下大三郎　「改撰標準日本文法」　昭 3　紀元社
三尾砂　「国語法文章論」　昭 23　三省堂
山田孝雄　「日本文法学概論」　昭 11　宝文館
鳥居次好　「パーマーの方法」
太田朗　「フリーズの方法」
　2 論文とも「コトバの科学」第 7 巻「コトバの教育」のうち。昭 33　中山書店
白石大二　「教育文法論」　昭 33　誠信書房
川本茂雄　「言語学概説」　昭 29　播磨書房
橋本進吉　「改制新文典別記口語編」　昭 23　冨山房
速水晃　「論理学（訂改版）」　昭 7　岩波書店
ミシガン大学英語研究所編（フリーズ）（伊藤健三訳注）「英文の型」"English Sentence Patterns"　昭 32　大修館
竹原常太編　「ソーンダイク基本構文、新英文解釈法」　昭 11　大修館
国語学会編　「国語学辞典」　昭 30　東京堂
大塚高信編　「新英文法辞典」　昭 34　三省堂

解説

『基本文型の研究』解説

南不二男

　林四郎〈著〉『基本文型の研究』について、私は次の二つの特徴をあげる。
　(1)　文を文章中の存在として考える。
　(2)　文の構造を、いくつかの段階からなるものと考える（「描叙」「判断」「表出」および「伝達」という四つの段階を認めた）。
これらの考えの背後には、言語は時間系列の中においてのみ存立するという、林氏の確固とした言語観がある（p.28）。
　ここでは、おもに第二の特徴、すなわち描叙、判断、表出、伝達の四段階を文の構造について考えるということに注目したい。
　林氏は文章中の存在として文（そして文型）をとらえようとして、一つの文の型を「起こし文型」「運び文型」および「結び文型」に分けることを提案した。そして、描叙、判断、表出、伝達の四つの段階は、結び文型（おおざっぱにいえば文の述部にあたる）にはっきりした形で現れるとした。それぞれの内容はつぎのとおり。
　描叙段階：対象の描き方の吟味
　判断段階：肯定・否定、可能・不可能、過去認定、推量、疑問……
　表出段階：感動、期待、願望、懸念、意志、決意……
　伝達段階：単純な伝達、命令、要求、伝頼、質問……
これらは、実際の言語表現の形としても上記の順序で現われる。
　これをなぜ「段階」としてとらえるのか。それは言語を時間軸に沿っての実現過程として考えるという、さきにあげた著者の言語観によるものである（p.29）。
　注目すべきは、林氏が、こうした四つの段階を結び文型だけではなく、文全体の構造にも認めると考えていたことである。それを示したのが95ページの図である。そこには「もしもし、お願いがあるんですが、実は、あのー、何とかひとつ、その品物を譲っていただくこと

はできないものでしょうか」という発話を例として、身ぶり、表情、音調までも考慮に入れた分析が示されている。（ことばを発する前に）「突然にならぬよう、相手の注意をひき、適当の距離を保つ」（言い終わったあとは）「余韻を残し、相手を見る」「反応があるまで位置を変えない」といったことまであげてある。昨今は言語行動と非言語行動両方の面に目を向けた研究がいろいろ試みられるようになってきた。林氏の研究の先見性、そして観察眼の鋭さには驚かされる。

　この本の刊行の前後は、この四つの段階になんらかの関連のある論考がいくつか発表された時期であった。金田一春彦（1953）は、文の述部におけるいわゆる「不変化助動詞」（ウ・ヨウ、ダロウ、マイ）の文法的、意味的性格を論じながら、文構造の問題を論じたものであった。渡辺実（1953）は、述部の構造において「叙述」と「陳述」そしてその中間段階の存在を指摘した。また、芳賀綏（1954）は、渡辺氏のいう陳述にさらに検討を加えて「述定」と「伝達」の二種を区別することを主張した。文構造における諸成分の連結のしかた（かかりうけ）に注目した三上章（1953、1955）がある。三上氏は、そこで「単式」「複式（さらに「軟式」と「硬式」に分かれる）」そして「遊式」を区別している。全体として四種となる。服部四郎（1957）は、上にあげた諸研究とはまた違った観点からの考察である。具体的→抽象的のレベルの異なる「発話」「文」「形式」を区別する。発話の主体として「発話者」、文の表現の主体として「表現者」を考える。助動詞ダ、ウ・ヨウ、ダロウ、マイの表わすいろいろな心理活動と、ナイ、タ、ラシイの判定作用といわれる心理活動とを区別する。前者の主を「第一人称者」、後者の主を「不定人称者」とそれぞれ呼ぶなど。

　本書刊行後にもいくつかのものがある。南不二男（1964）は、主として各種従属句の構造中の述部の諸要素と述部以外の諸成分の共起関係から文の構造を重層的な性格のものとして見る仮説を提案した。阪倉篤義（1966、1979）は、文の述部の諸要素の相互承接の順序と、述部以外の諸成分の現れ方の順序（語順）の関係を検討した。そして日本語の文の構造は、述部の用言を中心として幾重にもそれを包む形になると考えた。北原保雄（1970）も、文の述部の諸要素（とくに

各種助動詞）と、述部以外の諸成分の現れる順序との関係を手がかりにして、日本語の文が重層的な構造を持つことを主張した。

　これらの諸研究は、それぞれの観点や分析の手がかりが違っていても、文の構造にいくつかの異なる側面——それはしばしば段階とか階層と表現されるような——の存在を指摘している。とくに三上、南、阪倉、および北原の論は、先に紹介した林氏の「描叙その他の四つの段階を結び文型だけでなく文全体の構造においても認める」という考えを支持するものである。ただし、林氏の論が他と異なるところは、これまた前に述べたとおり「時間的な経過の性格なくしては言語は成立しない」という言語観にもとづくものであるということである。

　四つの段階それぞれに関連したさまざまな言語表現がある。たとえば表出段階については、本書では「表出段階の表現型」として「感動」「期待、願望、うらみ等」「懸念、おそれ」「意志・決意」に分けていろいろの表現があげてある（pp.121-129）。それらはそれぞれ特有の形式を持つ、いわば有標の表現である。私は、それらとあわせて無標といえるようなものが示されてもよかったのではないかと思う。活用語の終止形で終わる単純な構造の文である。淡淡とした話しぶり、または無愛想な、ぶっきらぼうな調子の言い方も一つの表出の形式だ。

　判断段階の一形式としての「のだろう」という表現について「われ・ひとともに認める、ある事態の中の未知な部分についてだけ推量する形」という説明があった（p.118）。私は「われ・ひと未分化」を判断段階の一般的特徴の一つと考える。それに対して表出段階は「われ／非われ（＝ひと）」の対立、区別の世界である。上記の「感動」その他の諸表現、淡淡とした言い方、ぶっきらぼうな調子は、「われ」のものだ。

　感情形容詞（ウレシイ、カナシイ、サビシイ…）や動詞＋タイ（見タイ、飲ミタイ、帰リタイ…）が関係する一種の人称制限的現象がある。それらの語句を述部にした場合、ある条件のもとではそれに対する常識的な意味での主語が一人称にかぎられ、二人称、三人称は不自然になることがある。私は、この現象は本書でいう表出段階で起こると考えている。やはり「われ／非われ」の対立が関係している。

　描叙、判断、表出、伝達それぞれについて「描叙者」「判断者」「表

出者」「伝達者」という存在を考えてはどうだろうか。これらは現実の話し手とか聞き手そのものではない。それぞれの段階における伝達にかかわる当事者の役割とでもいうべきものである。日常の言語生活では、情報の送り手にしろ受け手にしろ、それらの役割は現実の一人の人間が演じる場合が多いにちがいない。しかし、その中のどれかの役割が異なる人間によって演じられることもめずらしくない。ことばの理解一般（正解ばかりでなく、誤解、曲解なども含めて）、翻訳、通訳、要約、紹介、演劇（原作者、脚本作家、演者…）、読み聞かせ、会話における共同発話などさまざまな場合がある。

　文または文章の構造の重層性が人間の言語において普遍的なものかどうかということは興味ある問題である。日本語以外の言語についての研究もある。Foley and Van Valin Jr. (1984) は、いろいろな言語の clause 類を、nucleus（述部）、core（主語、直接目的語にあたる成分）、および periphery（場所、時の成分など）の三層構造としてとらえた。野間秀樹（1998、2012）は、韓国・朝鮮語の文の構造について重層的な観点からの精緻な分析を示した。さまざま言語に対する実証的研究が積み重ねられることを、私は期待する。

　すぐれた研究からは、そこで問題とされる対象についての実に多くの見方、考え方の種子をわれわれは与えられる。この本はその好例である。

文　献

北原保雄　(1970)「助動詞の相互承接についての構文論的考察」『国語学』83
金田一春彦　(1953)「不変化助動詞の本質上、下」上『国語国文』22-2、下『国語国文』22-3
阪倉篤義　(1966)『語構成の研究』角川書店
阪倉篤義　(1979)「日本語の構造上の特色」『日本語の特色』「ことば」シリーズ10　文化庁
野間秀樹 (1998)「朝鮮語の文の構造について」(『日本語と朝鮮語 下巻 研究論文編』国立国語研究所編、くろしお出版)
野間秀樹 (2012)「文の階層構造」(『韓国語教育論講座 第2巻』野間秀樹編著、くろしお出版)

芳賀綏　（1954）「"陳述"とは何もの？」『国語国文』23-4
服部四郎　（1957）「ソスュールの langue と言語過程説」『言語研究』32
三上章　（1953）『現代語法序説——シンタクスの試み——』刀江書院
三上章　（1955）『現代語法新説』刀江書院
南不二男　（1964）「述語文の構造」『国語研究』18
渡辺実　（1953）「叙述と陳述——述語文節の構造——」『国語学』13／14
Foley, W. A. and R. D. Van Valin Jr. 1984 *Functional Syntax and Universal Grammar.* Cambridge Univ. Press

二つの四階層モデル
『文型』と『構造』のための読書ノート

青山文啓

はじまり

　ここに50余年ぶりに復刊される『基本文型の研究』（林四郎 1960）の存在を、1973年に大学に入学した私がはじめて知るのは、『現代日本語の構造』（南不二男 1974）を通してである（以下、『文型』[p.m]、『構造』（p.n）と略し、べつべつのカッコで該当頁を示す）。

　『構造』を最初に読み終えた――特に、四章と六章に示された二つのマトリクスに見入った――あとに残されたのは、自分に日本語の研究で何か付け加えられることがあるのだろうかという、救いようのない絶望感だった。それから10年は暗記するほど繰り返し読んだ。要するに、いま以上にオメデタカッタに違いないが、私にとっては異常な読書体験を課された忘れがたい一冊である。『構造』の序には「[...] 記述の態度が一定していない」（p.ii）と断られているが、この本のなかで最も言及回数の多い「国立国語研究所」を除けば、「林四郎」個人への言及は著者自身への言及をうわまわる。つまり、七章からなる『構造』のなかで南が試みたのは、林と同僚であった70年代までの国語研究所が積みあげてきた成果の概要と、そこからすくいあげられたさまざまな問題への解答である。二章、三章、五章がどちらかといえば、国語研究所とその同僚たちの仕事を要約することに割かれているのに対して、一章、四章、六章、七章は南の独壇場である。著者自身の装幀に、充分すぎる書誌情報と詳細な索引で重装備された『構造』は、一面で当時の国語研究所への最良のガイドブックとして読むことができ、研究史上も特異な位置を占める。

生成モデルとして　南の四階層

　南は日本語の従属句に見られる制約について四章で自説を語っている。その内容をここでは、無理を承知で以下の三点にまとめよう。
(i)　日本語の従属句内部で、用言に従属する副詞や名詞に分布上の制約があるだけでなく、用言に後続する助動詞にも同じく制約が働き、両者の制約は呼応関係にある。
(ii)　こうした制約群をもとに、日本語の従属句を大きく［A］［B］［C］と仮称して三階層に分け、着目した制約群以外の分布を許すものを［D］つまり「文」と呼ぶ。
(iii)制約群には互いに包含関係が見られることから、［［［A］B］C］D］のように、内側から外側に向かってふくれあがる生成モデルを提唱する。

ところで、(i) 従属句内部の分布制約に着目し、(ii) 従属句を三分するまでは、句とは主文述部に従属する句だった。しかし、(iii) 生成モデルを考える段階では単純に句と考えるほうが理解しやすい。つまり、結合価、文型、あるいは英語学者が「節（clause）」と呼ぶものと同種のものである。この句が主文になり、別の句を従属させる可能性があるからである。後述するように、英語では「節」という用語に定形動詞や主部（subject）が前提とされていて、日本語の構造には不向きなように見える。以下では林と南に従って「句」と呼ぶことにする。また、ここでは取りあげられないが、このような制約群を浮かびあがらせる（活用形、形式名詞、接続助詞を含む）接続表現自体をどの階層に属させるかという、べつの大きな問題がある。

　いずれにしても、南は品詞をベースに単文（句）から出発するが、林の考える文型はもともと単語をベースにした複文であり、伝達モデルから出発するところに大きな違いがある。いうまでもなく、無数にある単語を品詞に置き換えてしまえば全容は得やすくなるが、単語（あるいはその連鎖）をそのまま扱えば、複文は抽象度の高いべつの観点から分類される必要がある。

『構造』のなかの林四郎

　ところで、南の眼に『基本文型の研究』はどのように映ったのだろうか。「林は一つの文全体の文型を起こし（文型）、運び（文型）、結び（文型）の三つの部分に分けて考える［...］」(p.94) と、南は述べている。しかし、「文型」とは、英語の五文型でしかなかった私にとって、一つの文を三つの「文型」に分けるという意味が理解できず、大きな疑問符として残った（「文型」をカッコにくるみ、南が注意深く「一つの文を三つの部分に分けて」と言い換えていることにも、当時は気がまわらなかった）。すでに絶版となってひさしい『文型』を借り、コピーを三部取って簡易製本し、そのうちの一冊に赤鉛筆で線を引きはじめたのは『構造』を読み終わって1年以上経ってからである。それから30年以上を経て、これまで『文型』を読むたびに巡らせた考えを、ここに貧しいながら読書ノートとして記すことにしたい。この解題では二つの四階層モデルの比較と文型の再考とを主要なテーマにするが、本題に入るまえに、私がはじめて接した林の論考についてふれておきたい。

動体視力の人として、あるいは生けるコーパスとして

　林四郎は、ねらいを定めた現象を眼のまえに横たえて大胆に腑分けし、それを独自の用語でいかにもかるがると解説する。独自の用語とは、文型／表現型、全体文型／局部文型、起こし／運び／結び、並び／注ぎ／括り、始発／承前、描叙／判断／表出／伝達などだが、力学的な用語それも和語を好んで使用する（さらに、ビューラーの訳語については：林1979）。南不二男が自説以外では、通用する文法用語にとどまろうとするのとは好対照であり、林の動態志向にはジェイムズかベルグソンの影がちらつく。あるいは若いときに受けた飛行訓練がその動体視力にエネルギーを送り続けているのかもしれない。

　たとえば、「表現行動のモデル」（林1973）は、その面目が躍如する百科全書派ふうの論考である。ヒトの行動のうち、推論を喚起するものを鳥瞰しようとする前衛的な試みである。しかし、まえもって

『文型』を読んでいない読者は大胆すぎる腑分けに、それこそ度肝を抜かれてしまうはずだ（ただ、このあとに『文型』を読んでもショックは増すばかりである）。この論考は『国語学』が「言語モデル」という特集を組んだ際に発表されたもので、同じ号には青木晴夫、原田信一、藤村靖、野崎昭弘など、名だたる顔ぶれが論陣を張っている（林の論考を含め、すべて『構造』の六章と七章に参照されているが、以下の文献の「あとがき」と「訳者のことば」を参照：青木1998；チェイフ1974）。

　それは1960年代から始まる日本の言語研究の輝かしい20年が円熟期を迎えようとしていた時期でもある（鈴木・田中2008）。同時に、林の敬愛する人文的な知識が軽視される20年であったといえるのかもしれない。林は廃刊された『国語年鑑』に自身の専門を「国文学」と書いてきた。一流の韜晦だと思うが、こうした論考にふれると専門を「解剖学」と書き換えてしまいたい気持ちにさえ駆られる。あるいは、たったひとりで百科事典の編集ができるほど、多彩なジャンルから大量の文献が流れ込むローマの地下水道のような、それでいて明晰な頭脳を想像すべきだろう。

伝達モデルとして　林の四階層

　林は補部（主部を含む）と述部が未分化の一語文から出発する。しかし、ここで重要なのは一語文に構造が見られないこと以上に、脳のなかにリストされるべき単語と、永遠にリストされえない文との区別にちがいない（*cf.* 前田2009：7）。ある単語を引用（mention）して発話すること「正解はアブナイ。」「アブナイは形容詞。」と、実際に文として使用（use）すること「アブナイ！」との間には、音調以外に違いを認めにくいからである。こうして一語文に考察の基点をおくことで、欧米の表記でピリオド‘.’、疑問符‘?’、感嘆符‘!’として不完全に記号化された音調に行きついて、林のなかで「陳述」論争には決着がつけられ、文型は大きく音調と単語連鎖とに二分される［p.6］。

　林はことばを使用する行為を「言語活動」と呼ぶ。これを通時的に

見て、その命題部を「描叙」と呼んで大きく三階層に分ける。たとえば、始発部のA階層には対人距離と身ぶり・表情・音調を区別し、{突然にならぬよう、相手の注意を引き、適当の距離を保つ}{低姿勢ながら、しっかりした調子で}などの例が示される。これらが終結部のE階層で区別される{反応があるまで位置を変えない}{余韻を残し、相手を見る}と、それぞれ逆順で対応する（この種の問題は『構造』では六章で扱われている）。ここで提示されるのは［A［B［C］D］E］のような同心円状の伝達モデルである。文の領域は文頭のB階層から命題部のC階層を経て文末のD階層にいたる。さらに、全体文型と局部文型区別したのち、全体文型を「B：起こし」「C：運び」「D：結び」と呼ぶ。実際の使用のなかでは、述部に従属する補部は表面に現れないことも、文末に倒置されることもある。つまり、述部こそが文の中核部である。こうしてC階層の述部からD階層の文末にかけて見られる助動詞ならびに助詞の連鎖を、表現意図の現れる「結び文型／表現型」として、さらに四階層に分ける。南の生成モデルとの類似が見られるのは、この伝達モデルに示された、描叙、判断、表出、伝達という四階層においてである。

　ただ、このあたりで気づいていただけるはずである。見慣れた二つの地層を見較べるほどに、見えてくるのは差異ばかりであることに。これは推測にすぎないが、林の分類癖とはべつに、徹底した分布主義を押し通してどこにたどりつくかを、南は見きわめたかったのかもしれない。

英語の五文型

　話を本題に戻そう。全体文型における「起こし」「運び」「結び」の三分は、アスペクト研究で一つの出来事を、始動相、進行相、終結相と分けるのに似ている。一つのテキストを構成する文——それは複文であるかもしれない——を、一文ごとに、それまでの履歴を背負った出来事と読み換え、林はその来歴、構造、表現意図を問うため、これら三つの視点を「文型」と名づけて提示する。このうち「運び文型」は命題部に関わって英語の五文型に最も近いように見える。しかしこ

の文型に「起こし文型」と「結び文型」は包含されるという［pp.27-31］。これは、英語の五文型で無視された接続詞や副詞句などと、英語ほど単純ではない助動詞連鎖とを、文型のなかに含めることを意味する。これは、林の「文型」が単語を基に構想されているからこそ、得られる視界である。

英語の五文型は統語的役割（S、C、O）をベースに、二つの意味で単文の範囲を確定することを目的としている。一つはある定形動詞'V'に構成要素（S、C、O）を従える可能性がいくつあるかを追い求めること、もう一つは定形動詞とそれに従属する構成要素とをもとに単文の限界を定めることである。前者の問題については、たとえば動詞 GIVE が以下の文型 3 と 4 に現われうることを指摘すれば充分かもしれない。ここでは後者に焦点をしぼり、英語の五文型を振り返っておこう。定形動詞は目的語'O'の有無により以下、左側の自動詞と右側の他動詞に二分される。

1. SV　　　　3. SVO
2. SVC　　　4. SVOO
　　　　　　5. SVOC

文型をこのように扱いやすい数に抑えることができたのは、徹底して副詞句と前置詞句を無視したからだ。しかし、林の単語連鎖と複文に基礎をおく文型が、充分な批評性を備えていることも確かである。その批評性は、日本語の用言を語幹と語尾に分け両者を交互に見ようとするほどに顕在化する。ここではくわしく論じられないが、レトリックと文法にもおなじことがいえる。

おそらく、語幹と語尾あるいはレトリックと文法は「ルービンの壺」のような関係にある。そこに壺を見る人に、ふたりの人の向かいあう図は見えない。逆も同様である。林が「文型」という用語に、テキスト構成に参加する文の類型と、文構成に参加する句の類型という二つの構想を同時に見て、単語連鎖に焦点をあわせた表現論にとどまろうとするのは両者を交互に見るためのように思える（このことを教えてくれる好著として：佐藤信夫 1992）。

日本語の複文と英語の複文

　英語の複文は、定形動詞（および助動詞）を複数含む文と定義できる。それに対して、日本語で用言（動詞、形容詞、助動詞の一部）の終止形は本来、名詞に従属する連体形から転じたものだが、英語では定形動詞が名詞に従属する場合、関係詞や接続詞に仲介されると一般には考えられている。こうした働きをする単語が日本語にはなく、名詞への従属が用言の活用（inflection）によって直接行なわれるとすれば、定形／非定形の区別を認めることはできない。日本語の活用語形はかえって、英語で直接、名詞に従属する不定詞（something to eat）、現在分詞（running water）、過去分詞（fallen leaves）など動詞の非定形に近いことになるからだ。

　さらに、英語の複文では重文／複合文が区別される。これはおもに等位／従位接続詞（and, but, or…／when, if, since…）の分布に基づく区別である。しかし、日本語では、活用形、形式名詞、接続助詞などの接続表現が複文の中央（従属句末）に分布するため、この区別を統語的に維持することはむずかしい。もちろん、このような見方は「複文」の訳語にも反映されなければならない。わざわざ慣用に反して「複合文」と訳した complex sentence ではなく、複数の句からなるという意味で multiple sentence をあてることにする（この用語は：Declerck 1991, pp.20-27）。結局のところ、日本語の複文とは一文中に非定形の用言が複数、従属関係にあるものと定義するほかはなくなる。林は山田孝雄に親近感を寄せて複文を分類するが、述部に焦点を当てて詳細な一覧が提示されている［p.66］。

　問題は、日本語とおなじ定義を英語に適用すれば、第5文型に現れる使役動詞 MAKE や知覚動詞 HEAR では "The evil wizard *made* Don Quixote's books *disappear*." あるいは "He *heard* Rosinante *neighing* loudly." のように、'C' に不定詞 *disappear* や現在分詞 *neighing* が現れることである。用言は複数存在し、この文型が限りなく複文に近いことに納得せざるをえないだろう。つまり、第四文型までが純粋の単文と考えられないだろうか。英語の五文型に効用を認めるとして、その一つに単文と複文の境界を定めることにあると考える

二つの四階層モデル　193

のはこのためである（『文型』12章には「参考」としてホーンビーの文型があげられているが、こちらは品詞ベースであり、五文型のように単文を限界づけることを目指してはいない）。

四階層モデルの応用

　しかし日本語にはもっと大きな問題がある。用言に由来して便宜的に「接続詞」とされるシタガッテ、同様に「係り助詞」「格助詞」にそれぞれ働きが類似する…トキタラ、…ニツイテ、あるいは他動詞ハジメルはどこからが副詞ハジメ（テ）で、どこからが同じ動詞の連用形で、さらにどこからが助動詞…ハジメルの領域かという、日本語の文法で放置されたままの問題を避けるわけにはいかなくなるからである。あるいは、助詞トが並列、格、接続、引用のいずれにあたるのかも、同じ問題の裏表に過ぎない。ちなみに、林は通称「引用の助詞」と呼ばれるトを、文の基本構造に関係しない局部文型に入れて扱っていることは興味深い［pp.146-147］。もうひとつ、局部文型に入れられているものにノニがある。たまたま見かけた文を例に、ノニを【】に入れて以下に示す。

　(a)　ダイビングをしていて、海の中では身振りだけで考えを伝え合っていたから言葉は交わしていない【のに】、海面に出た時、すごくその人としゃべった後のような気がしている【のに】よく似ていた。（『不倫と南米』吉本ばなな、幻冬舎文庫）

　(b)　バーテンは、新しい客の注文で、酒をつくる【のに】忙しくなった。（『霧の旗』松本清張、角川文庫）

ノニは形式名詞と助詞からなるが市販の国語辞典では「接続助詞」という便宜的な名称があてられる。(a)にはノニが2回現れる。最初のノニだけが「接続助詞」と呼ばれる場合［p.146］で、もう一方は(b)に現れるノニとおなじ用法である。こちらの用法では動詞「似る」、形容詞「忙しい」がそれぞれ取る必須項を仲介するためニが現れる。このように考えれば「接続助詞」の場合だけでなく(b)のような場合も局部文型でなく、運び文型で取りあげられるべき用法のように思われる（この違いが取りあげられることは稀で、この点で『日

本語文型辞典』の記述は注目に値する)。

　一般に辞書の記述は、用言の活用を語幹と語尾に分け、語幹の持つ結合価情報がすべての活用形で同一だという想定のもとに行なわれる。しかし、以下の (c) に現れる句「悪いが」は「あなたには悪いが」となる可能性はあっても、主部が現れることはない。「うちの子は頭は悪いが人あたりはいい」と比較していただきたい。

　(c)　そうですか、【悪いが】、もう少しそちらであなただけで様子
　　　を見てください」(『ゼロの焦点』松本清張、新潮文庫)

このことと連動して「悪いが」は「様子を見る」という命題部ではなく、助動詞「ください」と呼応している（ところで、この種の問題を真剣に考えざるをえなくなったのは次の論考を読んでからである：杉戸清樹 1983)。『日本語文型辞典』は形式名詞や助詞に焦点を絞っているため、残念ながら用言のこうした用法は記述の対象とされていない。ただ、四階層モデルに示された分布主義が徹底して適用されれば、親見出しのどの用法を子見出しとして立てるべきか、手がたい指針がえられるはずである。つまり、単語とその用法をリストしたものを辞書（lexicon）と呼べば、複文の記述とはべつに、辞書についてもここに述べた手順に従って記述すべき用法の特定が可能になる。

ふたたび南の四階層について

　最後に、五文型が空虚な分類に流れやすいことを指摘した後、四階層を生成モデルとして再構築する場合の問題点を一つだけ指摘しておきたい。英語の五文型では副詞句と前置詞句を無視した結果、第1文型と第3文型だけが無秩序に増える。ただ増えるだけでなく、どの統語的役割も振られないまま大半の構成要素が放置されることになる（次の著作が有益である：池上嘉彦 1995)。この点を例示するため『悪魔の辞典』(*The Devil's Dictionary*, 1911) で有名なアンブローズ・ビアスの短編から最初の一文をあげ、日本語の訳文を二例あげることにする。

　(d)　A man stood upon a railroad bridge in northern Alabama,
　　　looking down into the swift water twenty feet below.

(*An Occurrence at the Owl Creek Bridge.*)

(e) ひとりの男が、アラバーマ州北部の鉄橋の上に立って、二十フィート下の急な流れに見入っていた。

(『いのちの半ばに』西川正身訳、岩波文庫 1955)

(f) アラバマ州北部のある鉄橋に、ひとりの男が二十フィート下の急流を見おろして立っていた。

(『ビアス短編集』大津栄一郎訳、岩波文庫 2000)

文頭の *a man* に 'S'、次の *stood* に 'V' が振られ第 1 文型というラベルが貼られて、文型としての無味乾燥な処理は終わる。つまり、STAND という動詞は、名詞句としては主部だけを取る定形動詞として特徴づけられ、この文の大半を占める前置詞句や現在分詞は分類に値しないものとして捨てられてしまう。このような立場からは、原文の語順を保つために日本語の訳文 (e) では英文の分詞構文が主文「急な流れに見入っていた」として翻訳されるなど、文体と翻訳にまたがる問題は一顧だにされないはずである。

おなじ問題を "He was chopping wood in the forest." と "He was in the forest chopping wood." のような対で振り返っておこう。前者は進行形、後者は分詞構文とそれぞれ呼ばれる。定形動詞 BE は数ある用法のなかで、前置詞句 *in the forest* を従属させる場合も現在分詞 *chopping wood* を従属させる場合もある。個人的には、前置詞句も現在分詞も副詞句を形成すると考えて統語的役割を与えず、両方とも第 1 文型に分類したい。つまり、この点で BE 動詞は、不定詞や分詞に役割 'C' を与える使役動詞や知覚動詞とは異なると考える方が文型間の弁別性は増すからである。ところで、日本語で両者を訳し分けることはむずかしく「森で薪を割っていた」とでもするほかないが、後者は「森にいて薪を割っていた」なら理解できそうである。「薪を割りながら森にいた」が稀なのに対して、ビアスの訳文 (f) で「急流を見おろして立っていた」が可能なのはなぜだろう。おそらく、述部に現われる「森にいた」が状態的であることが、従属句に制約を課すと考えてよいだろう。

これら「森にいて」「薪を割りながら」「急流を見おろして」が南のいう A 階層の従属句だとすれば、主文述部の制約をすでに課されて

いることになる。それなのにA階層から生成を始めてよいのだろうか、この難問を解決するには四階層から辞書（lexicon）を分離すべきではないか、というのが以前からの疑問だった。さらに、四章に示された生成モデルと、五章の単語および語形成の問題とをどう結び合わせるか、また六章で詳細に示される伝達モデルと四章の生成モデルとは統合されうるのか（ただし、南の句に関する研究が話しことばのデータから始まることを考えれば、生成モデルではなく産出モデルを意図していた可能性は否定できない）。難問がつぎつぎと『構造』の背後から顔を覗かせる。なぜ統合したいのだろうか。私たち人間がなんとかことばを使用して日常を送っているからである。

おわりに

　この解題を書きながら村上龍（2004）と紺野馨（2013）を並行して読んだ。両方とも60年代と70年代の雰囲気を知るには秀逸で読みごたえのある作品である。それに影響されてか、この50年間を詰め込んでタイムカプセルのように復刊される『基本文型の研究』を読み返し、さまざまな形で失われたものを思い出した。

　たとえば、1951年に創刊された『言語生活』は1988年以降休刊され、1972年に刊行を開始した『月刊言語』は同じく37歳をむかえ2009年に休刊されたままである。1954年に刊行された『国語年鑑』は2009年以降、発行されていない。1944年に設立され2004年に「日本語学会」に改称された「国語学会」は、学会誌名も『国語学』から『日本語の研究』に改められ、最高齢ということになりそうである。ちなみに『例解新国語辞典』（林ほか編1984）は現在の国語辞典に用例主義の流れを導いた立役者で、中国語版も韓国語版も出版されたように記憶する。しかし、第6版（2002）を最後に、林を残してほかの編者は若い世代の研究者に替わっている。

　こうした変化の起こるあいだ、「陳述」論争後に生まれた『文型』と『構造』という二冊の異母兄弟がたどった道のりは、しかし対照的である。『文型』（1960）はあまりに早く生まれすぎたといえるのかもしれない。一方の『構造』（1974）は時宜をえて読みつがれ、当時

の日本語研究の水準と『文型』の存在を私たちに伝えてきた。読了された方はすでにある種のイメージをお持ちかもしれない。テキストの読解を狩猟に喩えれば、少なくとも私にとって『文型』は、ワナの掛け方から調理までの情報を満載した全天候型マニュアルである。残念ながら『文型』のイントネーション記述には不安定とも思える箇所がいくつか見られるが、これはつぎの世代に託された課題と考えるべきだろう。欧米で「意味」の研究は言語哲学者や社会科学者に席を譲ってきたが、イントネーションこそは言語研究者に残された最後の未開地のようにも思えるからである。

新しい読者によって『文型』と『構造』が併読され、文法記述に傾斜した日本語研究とはべつに、統合的なモデルを目指した研究がふたたび開花することを信じたい。

謝　辞

林四郎先生の主著である『基本文型の研究』と『文の姿勢の研究』が復刊されると、うかがったのは、ひさしぶりにご自宅にお訪ねしたおりである。そのときの掛け値なしの先生の満面の笑顔は記憶にしっかりと刻みこまれて忘れられない。また、この解題を書くにあたり2013年5月4日に南不二男先生をご自宅近くまでお訪ねした。何年もまえの曖昧な記憶を補正するために1時間ほどお話をうかがうことができたのは幸いだった。多少なりとも、興味をそそるエピソードが含まれているとすれば、南先生のお蔭である。このたび仲介の労を執っていただいた石黒圭先生には心よりお礼を申しあげる次第である。

文　献

青木晴夫（1998）『滅びゆくことばを追って』岩波書店（初版：三省堂 1972）
池上嘉彦（1995）『〈英文法〉を考える』筑摩書房
グループ・ジャマシイ（1998）『日本語文型辞典』くろしお出版
紺野馨（2013）『村上春樹――「小説」の終わり』論叢社
佐藤信夫（1992）『レトリック感覚』講談社
杉戸清樹（1983）「待遇表現としての言語行動―「注釈」という視点―」『日本語学』2巻7号
鈴木孝夫・田中克彦（2008）『対論：言語学が輝いていた時代』岩波書店
チェイフ、W. L.（1974）『意味と言語構造』（青木晴夫訳）大修館書店
林四郎（1973）「表現行動のモデル」『国語学』92、再収：『言語表現の構造』明治書院 1974；『日本の言語学第1巻：言語の本質と機能』大修館書店 1980

林四郎（1979）「言語行動概観」『講座言語第 3 巻：言語と行動』南不二男編、大修館書店

林四郎・野元菊雄・南不二男・国松昭編（1984）『例解新国語辞典』（第 6 版：2002）三省堂

前田直子（2009）『日本語の複文―条件文と原因・理由文の記述的研究―』くろしお出版

南不二男（1974）『現代日本語の構造』大修館書店

村上龍（2004）『69 sixty nine（新装版）』集英社

Declerck, R. (1991) *A Comprehensive Descriptive Grammar of English*. Tokyo: Kaitakusha.

索引

あ
あいまい化　104, 109
あこがれ　125

い
意義素　98
意志表出の形でさそう　132
一語の認定　57
一語文　3, 56, 122
「いち」の用法　112
祈り　126
いましめ　138
依頼　135
入子型　66, 95
イントネーション　25, 169

お
岡本千万太郎　9
オグデン　11
押し返し　131
音調　6, 121, 138

か
解説性　47
垣内松三　9
学習指導要領　16
確認条件　71
確認条件逆推量型　83
確認条件逆断定型　83
確認条件順推量型　81
確認条件順断定型　82
確認条件不定推量型　83
活用連語　59, 66
仮定条件　71
仮定条件逆推量型　77
仮定条件逆断定型　77
仮定条件順推量型　75
仮定条件順断定型　76
仮定条件不定推量型　77
仮定法（英語）　51, 70
「から」と「ので」　82
間接的禁止　137
間接的命令　135
感動詞　37, 57, 123, 131, 148, 150

き
木枝増一　69
希求　125
帰結文　74
基礎日本語　11
機能文法　6
義務づけ　136
疑問詞　112, 123, 140, 146, 149, 150, 161
許可　136
禁止　136

け
経済現象　59
形式名詞　146
係助詞　149
形態素　98
言語活動の構造　95
言語生活の構造　93

こ

語彙力　5
国立国語研究所　10, 25, 98
輿水実　8

さ

佐久間鼎　104

し

指示語　40, 45, 46, 123, 148
自然現象　57, 122
叱責　138
質問が他の意図に転ずる　142
質問の形でさそう　132
終助詞　120, 124, 130, 139
従属文　65
述定条件　71
述定条件逆断定型　80
述定条件順推量型　79
述定条件順断定型　80
述定条件不定断定型　81
承前の要素　46
女性語　125

せ

青年文化協会「日本語基本文型」　9, 23, 54
接続詞　41, 42, 59
選択並列　144

そ

想定条件　71
想定条件逆推量型　78
想定条件逆断定型　78
想定条件順推量型　78
想定条件順断定型　78
想定条件不定推量型　79

た

態　98
待遇関係　99
体系文法　6
卓立音調　42
男性語　125
断定　104, 135, 137
段落　35

ち

直説法（英語）　51
直接命令　133

て

定義　63
提題　64
ていねいな命令、要求、依頼　134

と

土居光知　11
等価並列　144
同定　61, 64
時枝誠記　29, 30, 66, 95
読書技能と読解技能　94

な

永野賢　10, 24
夏目漱石　170

に

新津米造　51

は

「は」と「が」　62
判断未完　122
反問　131

ひ

比較並列　145
否定語　87, 106
評価　107, 112, 132

ふ

副詞　39, 45, 58, 60, 85, 106, 111, 124, 147, 148, 150, 151
副助詞　47, 86, 149, 151
複文　54
プロミネンス　169
分化対立　144
分化包摂　144
文章　35
文の構造上の種類　51
文の用途上の種類　51
文法と文型　21
文脈　57

へ

平叙文　51

ほ

補助形容詞　102
補助動詞　98
補助用言　59
堀川勝太郎　7

ま

松下大三郎　27

み

三尾砂　10

見立て条件　71
見立て条件順推量型　85
見立て条件順断定型　85
見立て条件不定断定型　85
宮地裕　29

む

無活用動詞　66, 114, 134, 136
無主語文　42, 47, 167

め

命名　63
命令の形で意志表出　128
命令文　12
命令法（英語）　53

や

山田孝雄　65, 115

ゆ

湯沢幸吉郎「日本語表現文典」　9, 25, 28, 54

る

累加　145

れ

連体詞　39, 59, 145

ろ

朗読　169

林四郎（はやし しろう）

略歴

1922年東京生まれ。1947年東京大学国文学科卒業。早稲田中学校・高等学校教諭を経て、1953年国立国語研究所所員。1973年筑波大学教授、1985年定年退官。1985年北京日本学研究センター主任教授、1988年退任。1988年明海大学教授、1996年退職。筑波大学名誉教授。国立国語研究所名誉所員。

主な著書

『ことばと生活の事典』（福村書店1957）、『基本文型の研究』（明治図書出版1960／ひつじ書房2013）、『漱石の読みかた』（至誠堂1965）、『文の姿勢の研究』（明治図書出版1973／ひつじ書房2013）、『言語行動の諸相』（明治書院1978）、『文章論の基礎問題』（三省堂1998）、『パラダイム論で見る句末辞文法論への道』（みやび出版2010）

【解説】
南不二男（みなみ ふじお）国立国語研究所名誉所員
青山文啓（あおやま ふみひろ）桜美林大学教授

基本文型の研究

発行	2013年11月29日 初版1刷
定価	4400円+税
著者	©林四郎
発行者	松本功
ブックデザイン	白井敬尚形成事務所
印刷・製本所	株式会社シナノ
発行所	株式会社 ひつじ書房

〒112-0011 東京都文京区千石2-1-2 大和ビル2階
Tel: 03-5319-4916　Fax: 03-5319-4917
郵便振替 00120-8-142852
toiawase@hituzi.co.jp　http://www.hituzi.co.jp/

ISBN978-4-89476-696-9

造本には充分注意しておりますが、落丁・乱丁などがございましたら、小社かお買上げ書店にておとりかえいたします。
ご意見、ご感想など、小社までお寄せ下されば幸いです。

刊行のご案内

〈ひつじ研究叢書（言語編）　第66巻〉
日本語の文章理解過程における予測の型と機能
石黒圭 著　定価8,000円+税

日本語教育文法のための多様なアプローチ
森篤嗣・庵功雄 編　定価3,400円+税

刊行のご案内

ひつじ意味論講座1　語・文と文法カテゴリーの意味
澤田治美 編　定価3,200円+税

ひつじ意味論講座2　構文と意味
澤田治美 編　定価3,200円+税

ひつじ意味論講座4　モダリティⅡ：事例研究
澤田治美 編　定価3,200円+税

ひつじ意味論講座5　主観性と主体性
澤田治美 編　定価3,200円+税

ひつじ意味論講座6　意味とコンテクスト
澤田治美 編　定価3,200円+税

刊行のご案内

〈ひつじ研究叢書（言語編） 第 103 巻〉
場所の言語学
岡智之 著　定価 6,200 円＋税

〈ひつじ研究叢書（言語編） 第 104 巻〉
文法化と構文化
秋元実治・前田満 編　定価 9,200 円＋税

〈ひつじ研究叢書（言語編） 第 105 巻〉
新方言の動態 30 年の研究
群馬県方言の社会言語学的研究
佐藤髙司 著　定価 8,600 円＋税

刊行のご案内

〈ひつじ研究叢書(言語編) 第106巻〉
品詞論再考
名詞と動詞の区別への疑問
山橋幸子 著　定価8,200円+税

〈ひつじ研究叢書(言語編) 第107巻〉
認識的モダリティと推論
木下りか 著　定価7,600円+税

〈ひつじ研究叢書(言語編) 第108巻〉
言語の創発と身体性
山梨正明教授退官記念論文集
児玉一宏・小山哲春 編　定価17,000円+税

刊行のご案内

Rで学ぶ日本語テキストマイニング
石田基広・小林雄一郎 著　定価2,600円＋税

言語研究のための正規表現によるコーパス検索
大名力 著　定価2,800円＋税

実践日本語教育スタンダード
山内博之 編　金庭久美子・田尻由美子・
橋本直幸・山内博之 著　定価8,000円＋税